월 500만 원 따박따박 받는
공간대여 재테크

단기임대·에어비앤비부터 파티룸·렌탈스튜디오·공유오피스까지

월 500만 원 따박따박 받는
공간대여 재테크

김선달 지음

매일경제신문사

'직접 일하지 않아도 수익을 낼 수 있을까?'

무슨 말일까? 이를테면 월급 외에 추가적인 현금 흐름을 만들어 '놀면서 돈 벌기'가 가능할까 같은 것이다.

이상을 판매하는 카피라이팅에 혹해 적지 않은 시간과 비용을 매몰시켰던 나는 이제 어엿한 공간대여 사업가가 됐다. 동시에 멘토와 강사로도 활동 중이다. 2024년 11월 기준 8개 숙소 단기임대, 3개 모임 공간, 35개 개인용 사무실 공간을 운영했다. 그리고 이런 나의 경험을 바탕으로 위 질문에 답을 하자면 '할 수 있다'다. 다만 공간대여업은 '누군가'는 수익을 낼 수 있지만 '누구나' 수익을 낼 수 있는 사업은 아니라는 게 정답이다.

다음과 비슷한 메시지를 본 적 있을 것이다.

파티룸으로 월 1,000만 원 벌었습니다.
단기임대를 수십 개 오픈해 경제적 자유를 이뤘습니다.
미허가 에어비앤비로 하루에 100만 원씩 똑똑하게 벌고 있습니다.

'쉽다', '빠르다', '누구나 가능하다'는 말에 혹해 본인도 모르는 사이에 법의 규제를 침범할 수 있다. 그러면 앞으로 벌고 뒤로 잃는 상황이 벌어져 결국 폐업까지 이어진다.

이런 사람들에게 확실하게 말한다. 공간대여업, 어중간하게 할 거면 하지 말길 바란다. 풍족한 미래를 위한 좋은 징검다리라는 주변의 말을 믿고 '그냥 있어 보이니까 할래', '그리 어려워 보이지 않던데' 같은 생각으로 가볍게 접근하면 높은 확률로 돈을 까먹는 애물단지가 된다.

나는 여러 스타트업에서 근무했다. 방송국에 이름을 올린 경험도 있다. 0에서 성과를 내야 하는 환경에서 최소 6년 이상 있었고 세 번의 회사 부도와 폐업을 경험한 후 깨달은 바가 있다. 내가 무엇을 팔고 있는지, 누가 주요 고객인지, 왜 이 사업을 하는지 등 명확한 인지가 있어야 성과를 낼 수 있다는 사실이다.

이유 없이 쉬운 사업은 없다. 머리로 사업을 하면 예상 매출에 대한 행복 회로만 그리다 끝난다. 가슴으로 사업을 하면 본인만 좋아하는 공간이 되어 시장에서 잊혀진다.

본인 스스로 생각한 '뇌피셜'과 시장이 결정한 '오피셜'을 구분할 수 있다면 이 책을 읽지 않아도 좋다. 하지만 일말의 고민과 주저가 있다면 이 책을 꼭 끝까지 읽어보길 바란다. 내가 어떤 이유로 사업을 접었고, 어떤 시장을 발굴해 성과를 냈으며, 결국 내 돈을 사용하지 않고 다른 사람의 자본과 공간에서 어떻게 사업을 고도화했는지, 나를 비롯해 내 지인들과 수강생들의 시행착오를 최대한 많이 녹여냈다.

1장에는 공간대여업과 본인의 적합성을 판단하고 운영자가 지녀야 할 마음가짐에 대한 이야기를 담았다. 2장에는 공간대여업의 기획·창업·수익화·고도화의 구체적인 방법과 과정을, 3장에는 실제 공간대여업 운영 사례들을 담았다.

이런 생각이 들 수 있다. '정말 공간대여업으로 돈을 벌 수 있을까?' 나는 '피터팬의 좋은방 구하기'를 비롯해 '탈잉', '클래스101', 유근용의 '발품불패', 그리고 내가 운영하는 '공돈사 아카데미' 등을 통해 온·오프라인 누적 약 4,000명의 수강생을 경험했기에 확실하게 답할 수 있다. 본인이 직접 일하지 않아도 본인의 공간이 대신 일한다면 돈을 벌지 못할 이유는 없다. 내 머릿속 뇌피셜이 아니라 실제 경험들을 잘게 소분해 최대한의 오피셜로 전달했다.

이 책에서 공간대여업의 쓴맛과 장애물에 대해 반복적으로 이야기했다. 그럼에도 불구하고 시도해보겠다고 결심한 소수의 사람들을 위해 나의 부끄러운 실패 사례를 포함해 공간대여업의 처음부터 끝까지를 담았다. 입문자를 비롯해 경험자에게도 도움이 될 수 있는 내용을 다수 담았으니 부디 내 경험이 조금이라도 쓰임이 있길 바란다.

내가 첫 번째 책을 쓰는 동안 아낌없는 조언을 해주신 '공간대여 공략집, 공돈사' 카페 정규 멤버님들과 내 경험이 책으로 세상에 나올 수 있게 노력해주신 매경출판 관계자분들께 감사의 말씀을 드린다. 끝으로 항상 곁에서 나를 응원해준 가족과 지인들, 친구들에게 사랑한다는 말을 전한다.

2025년 2월

공간으로 돈 버는 사람들

김선달 드림

목차

2장

따라 하면 완성되는
돈이 되는 공간 만들기

3장

공간대여업 케이스 스터디

1장

버려진
공간을
돈이 되는
공간으로

1

공간대여업을
시작해야 하는 이유

월급만으로는 부족하다

'월급만으로는 부족하다.' 이 생각은 사회 초년생이었던 내 삶에 커다란 전환점이 됐다. 매달 고정 지출로 월세와 관리비, 통신비, 보험료, 학자금 대출이자 등이 나가면 월급의 절반 이상이 사라졌고 나머지 절반은 교통비와 식비로 사용했다. 저축 가능한 금액은 30만 원 남짓이었다.

매달 가처분 소득이 30만 원이라는 현실에서 탈출하고 싶었다. 그래서 '무언가를 배워야 한다', '시간을 더 쪼개서 사용해야 한다'는 강박이 생겼고 이 강박은 입사 후 반년이 채 되지 않은 시점에 투잡, 스리잡을 하는 계기가 됐다. 방송 작가, 스타트업 마케터, 부동산 중개 보조원, 대부 중개, 음식 배달, 현금 호송, 채권 추심, 유·무선 통신 영업 등 본업과 병행할 수 있는 일이라면 가리지 않았다. 시간이 지남에 따라 금전적으로는 숨통이 트였지만 하루에 5시간도 잠들지 못하다 보니 결국 과로로 병원 신세를 지게 됐다.

입원 전까지 내가 생각하는 돈을 버는 방법은 수면 시간을 줄여서라도 하는 일을 늘려나가는 것이었다. 그런데 병원에 있는 동안 '이런 생활을 1년, 3년, 5년, 10년 후에도 할 수 있을까?' 하는 의문이 들었고 이때부터 여러 부업 강의를 신청해 듣기 시작했다. '쿠팡' 파트너스 되는 방법부터 '네이버' 스마트 스토어 운영, 해외 구매 대행, 리셀, 전자책 발행, 바이럴 마케팅, 부동산 경매, 갭 투자 등 조금이라도 나의 관심을 끄는 모든 강의를 수강했다.

결과는 어땠을까? 좋지 못했다. 강사가 말하는 모든 투 두 리스트To-Do List를 수행했음에도 잘해야 수강료를 건지거나 대부분 '아, 이런 게 있구나' 같은 얕은 수준의 배움을 지속했을 뿐이었다. 더 이상 은행에서도 카드사에서도 신용 미달로 인해 채무를 늘릴 수 없는 지경이 됐을 때 비로소 뭔가 잘못됐다는 사실을 깨달았다. 돈을 벌고자 강의를 듣고, 코칭을 받고, 컨설팅을 요청했지만 나의 잔고는 0원이었고 대출금만 4,000만 원 가까이 쌓여 있었다.

강의를 통해 배운 게 전혀 없는 건 아니지만 미래를 그리기에는 추상적이었다. 그래서 다음 기준에 맞춰 '지금 당장 수익화가 가능한 아이템이 뭐가 있을까?' 라는 고민을 시작했다.

- 내가 이미 가진 것
- 나에게 효용이 적은 것
- 그럼에도 사람들이 돈을 지불할 만한 가치의 것

고민의 결과는 '내 자취방을 사람들에게 숙소처럼 빌려주면 누군가는 필요로 하지 않을까?' 라는 결론이었다. 직접 찍은 내 방 사진과 함께 이용을 원하면 문의를 달라는 글을 온라인에 등록했다. 놀랍게도 3주 만에 3개월 이용 예약이 완료됐다.

나의 첫 공간대여업은 임대인의 동의를 받아 시작했다. 당시에는 공유숙박(에어비앤비) 관련 법제가 없었고 전대차*에 대한 임대인의 양해 없이 숙소를 판매하는 게 일반적이었다. 하지만 부동산 중개 보조원으로 근무했던 경험으로 깨달은 점이 있었다. 임차인 신분으로 임대인에게 책잡힐 일은 하지 않는 게 좋다는 것이었다.

*세입자가 임차한 부동산을 제3자에게 임대하는 것이다.

첫 고객을 내 자취방에 맞이하기 전 임대인에게 과일 음료 선물세트를 들고 찾아갔다. 약 30분 동안 내 사정을 이야기했다. '집에서 자는 날보다 회사 간이침대에서 자는 날이 더 많았다', '상황이 여의치 않아 월세를 연체할 수도 있다', '월세를 연체하지 않도록 내 방을 사람들에게 숙소로 제공하고 싶다', '만약 운영이 잘되면 임대인의 공실 1~2개를 대신 관리해주겠다' 등 희망 반 걱정 반으로 임대인을 설득했다.

딱 잘라 거절할까 봐 내심 걱정을 많이 했던 기억이 선명하다. 하지만 내 예상과 달리 "해봐요. 필요하면 계약서도 수정해줄 테니까. 다만 지금까지 월세 밀린 적 없으니까 허락해주는 거예요"라는 답변이 돌아왔다. 그렇게 보증금 500만 원에 월세 35만 원을 내던 자취방에서 처음으로 공간대여업을 시작했다.

노력해도 보상받지 못하는 이유

'열심히 노력하면 보상을 받는다.' 이 문장에 대해 어떻게 생각하는가? 나는 2개의 주어가 생략됐다고 생각한다. '(당신이) 열심히 노력하면 (회사가) 보상을 받는다.' 개인이 회사나 단체에 충성하고 노력한다면 그에 대한 보상은 금전이 가장 확실하다. 그런데 그 보상이 만족스럽지 않거나 간혹 마땅히 받아야 할 보상이 지급되지 않는 경우도 있다.

그렇게 점차 시간이 지나면 우리에게는 크게 2가지 선택지가 주어진다. 첫 번째는 보상받은 만큼 일하는 회사의 일원이 되는 것과

두 번째는 회사에서 배운 것을 활용해 퇴사 후 창업을 하는 것이다. 선택은 자유지만 여기서 내가 전달하고 싶은 메시지는 '어차피 안 될 회사 하루빨리 퇴사하고 공간 10개 창업하세요'가 아니다. '연봉 1,000만 원 올리기'와 '연세 1,000만 원 받기' 중 동일한 노력을 들였을 때 어떤 게 본인에게 더 맞는 선택일지 충분히 고려했으면 좋겠다는 것이다.

만약 퇴사 후 창업을 하기로 마음먹었다면 창업자 또는 경쟁 업체로서 재직 중인 회사를 바라보길 바란다. 그러면 어디서 수입이 발생하고 또 어디서 돈이 새는지 보일 것이다. 이 방법은 앞으로 살펴볼 공간대여업뿐 아니라 본인의 자산과 현금 흐름 포트폴리오 구성에도 활용할 수 있다. '이 회사가 망하지 않고 계속 운영되는 이유가 뭘까?'라는 질문을 통해 끊임없이 탐구해봤으면 좋겠다. 회사마다 성격은 다르겠지만 결국 80%의 소득은 20%의 핵심 활동에서 발생한다는 사실을 깨닫게 될 것이다.

지금까지 열심히 노력했음에도 성과가 없거나 기대보다 낮다면 노력이 잘못된 게 아니라 방향과 목표를 다시 설정해야 할 때가 온 것이다. 왼쪽으로 100m만 더 가면 그토록 바라던 목적지인데, 방향을 고려하지 않고 무작정 앞만 보고 노를 저으면 노력 대비 만족스러운 결과를 얻기는 어렵다.

월세 50만 원의 효과

'치킨이 먹고 싶은데, 생활비가 너무 빠듯하네', '이번 달 지출이 많아 지인 약속은 다음으로 미뤄야겠다.' 7년 전 월급으로만 생활하던 내가 하는 생각이었다. 그리고 이런 생활에서 탈출하고자 투잡, 스리잡을 했다. 단기적으로는 월급 외 수입을 얻었지만 지속하지는 못했다. 몸이 망가지면서 번 돈의 대부분을 병원비로 사용했기 때문이다. 그 후 공간대여업을 시작하면서 다음과 같은 메시지를 받았다.

월 임대료 50만 원이 입금됐습니다.

당장의 드라마틱한 삶의 변화는 없었지만 내가 참아온 사고 싶은 것, 먹고 싶은 것에 조금 더 관대해질 수 있었다.

'유튜브' 영상이나 여러 강의 플랫폼 등에서 월 500만 원, 1,000만 원을 벌어야 인생 승리자인 것처럼 포장하는 경우가 있다. 하지만 당장 본인의 인생 난도를 낮추는 건 '월세 50만 원'이면 충분하다.

2가지 질문을 해보겠다. 정답은 없으니 자유롭게 생각해보길 바란다.

A와 B 중 누가 경제적으로 자유로워질 수 있는 사람일까?

A 여러 부업 강의를 신청하고 퇴근 후 성실히 수강했지만 현실에서 실행하지 않는 직장인

B 월세 50만 원짜리 공간을 일 단위, 주 단위로 나눠 팔아 한 달에 부수입 100만 원을 얻는 직장인

같은 연봉을 받는 사람일 때 A와 B중 누가 더 현명한 사람일까?

A 연봉 300만 원 인상을 위해 매일 4시간씩 야근하는 직장인

B 일하지 않고 한 달에 50만 원씩, 1년간 부수입 600만 원을 얻는 직장인

본인이 A에 해당한다면 안타깝지만 과거의 나처럼 확정된 소정의 성과에 풍족한 미래를 포기한 셈이다. 반대로 본인이 B에 해당한다면 축하한다. 옳은 방향을 선택했으므로 시간이 조금 걸릴지라도 뛰어난 성과를 낼 수 있을 것이다.

지금, 공간대여업이 매력적인 이유

2025년 부동산 시장이 불황인 현 시점에 공간대여업은 굉장히 매력적인 사업이다. 오죽하면 부동산 투자 전문가들도 현금 흐름

확보를 위해 파티룸, 렌탈스튜디오, 공유오피스 등 공간대여업에 진출할까? 전문가도 시도할 만큼 매력적인 사업이지만 반대로 보면 이미 너무 많은 사람이 시도했기에 포화 상태로 여겨질 수 있다.

부동산 시장이 불황일 때 공간대여업을 시작하면 우선 단기적으로는 월 수입을 확보할 수 있다. 장기적으로는 부동산 시장이 회복됐을 때 임대인이나 부동산 투자자에게 권리금을 받고 공간을 매각할 수 있다. 이런 이유 때문에 부동산 투자 전문가들도 공간대여업에 진출한다.

그렇다면 안정적인 수입이 보장되면 사업을 계속 이어가야 할까? 공간과 브랜드에는 수명이 존재한다. 본인이 운영하던 공간을 10개 이상 프랜차이즈 형태로 확장할 게 아니라면 아무리 참신한 콘셉트나 화려한 인테리어로 무장해도 빠르면 반년, 늦으면 2~3년 내로 수많은 모방 공간들이 등장해 본인의 공간은 금세 구식이 돼버린다. 유사 카테고리의 요식업을 생각하면 이해하기 쉽다. 가령 대왕 카스텔라나 탕후루, 무인 아이스크림 가게 등이 있다(탕후루 1년 새 40% 줄어...'반짝 프랜차이즈'에 100만 자영업자 폐업 - 조선일보, 2024년 9월 2일). 빠르게 확산되고 소리 소문도 없이 사라진다.

권리금을 지불하고 양도 양수한 공간은 그대로 활용되기보다 조금이라도 재단장하므로 사람들에게 새로운 공간으로 인식된다. 따라서 어느 한쪽의 일방적인 이득이나 피해가 발생하는 구조가 아니므로 운영자는 현명한 선택을 해야 한다. 꾸준히 한 우물만 파다 박리다매 치킨 게임에 합류할지, 반년 또는 1년마다 본인의 공간을 매각하고 대관 수입뿐 아니라 목돈도 정기적으로 정산받을지 선택해야 한다.

출구 전략이 없는 사업은 고통뿐이며 동시에 그 어떤 공간도 영원히 지속될 수 없다. 기존 공간의 분위기를 전환한다는 이유로 수천만 원의 인테리어 비용을 중복해 지출할 필요는 없다.

2

공간대여업
수익화 방법

단계별 원칙을 지키라

지금 소속된 회사에서 본인이 하는 일에 대해 합당한 보상, 즉 월급을 받고 있다고 생각하는가? 우리나라 직장인의 약 82%는 회사와의 '협상'이 아닌 회사의 '통보'로 연봉이 결정된다(연봉 협상은 그림의 떡?…직장인 82% "회사 통보로 연봉 결정" - 서울경제, 2024년 2월 6일). 최소한의 협상조차 이뤄지지 않고 사측에서 부르는 대로 낮게 책정된 연봉에 울며 겨자 먹기로 만족한다. 최악의 경우에는 연봉 동결이나 삭감을 통보받기도 한다.

당장 나의 경우에도 내로라하는 스타트업 7개 회사와 방송국 등에서 수많은 근로 환경을 경험했음에도 연봉이 1,000만 원 단위로 인상된 적이 없다. 업무량만 늘고 직급이 올라갈지언정 수입은 크게 증가하지 않았다.

평범한 직장인이 연봉 1,000만 원을 올리는 것은 소속된 회사에 최소 억 단위 기여를 해야 가능한 어려운 과제인 셈이다. 반대로 매일 야근하는 시간의 절반을 들여 공간으로 1년에 1,000만 원의 순수익을 얻는 건 어떨까? 이것도 어려운 과제일까? 입지에 따른 편차는 있을 수 있지만 본인의 재능과 상관없이 어떤 공간을 운영하더라도 한 달에 약 80만 원, 1년간 960만 원 전후의 수익화는 가능하다. 다만 '당근마켓'에 중고 물품 업로드하는 정도의 센스는 필요하다. 5가지 공간대여 업종, 12개 직영 공간을 직장 생활과 병행하며 운영해 본 내 경험에 바탕한 이야기니 신뢰해도 좋다.

인간관계가 그렇듯 사업 역시 스텝 바이 스텝Step By Step, 즉 단계별로 진행해야 최초 달성한 성과를 1회성이 아닌 장기간 성과로 유지할 수 있다. 즉, 순서와 전략을 올바르게 갖춰야 인테리어에 수천만 원씩 쓰고 낮은 매출로 고생하지 않는다("해도 너무하네요"...스터디카페 차린 30대 사장님 '분통' - 한국경제, 2024년 7월 7일).

공간을 판매해 운영자의 손실 없이 안정적인 수익 구조를 만들고 싶다면 5W1H 원칙을 지켜야 한다. 본인의 감과 막연한 희망으로 사업을 하면 결국 마지막에 기다리고 있는 것은 1년간 960만 원 +α의 수입이 아니라 폐업 신고서 제출뿐이다.

5W1H 원칙

- Who(누가) : 주요 이용 대상

- When(언제) : 주요 판매 시간

- Where(어디서) : 판매 위치와 상권

- What(무엇) : 운영 형태와 정체성

- Why(왜) : 공간 마련 이유

- How(어떻게) : 판매와 고객 유치 방법

다음은 실제 나의 5W1H 사례다. 당시 근무 중이던 의학 강의 스타트업이 이용하고자 공간을 마련했고 이런 내부 수요 외의 시간에는 해당 공간을 외부에 판매했다. 다음의 내 자료를 참고해 본인이 운영하고 싶은 공간에 대해 메모해보길 바란다.

Who(누가) : 주요 이용 대상
· VOD 강의를 제작하고 싶은 강사, 연사, 크리에이터 등 개인
· 학회, 협회, 교육 플랫폼 등 단체

When(언제) : 주요 판매 시간
· 14:00~24:00/시간당 44,000원/대관
· 14:00~24:00 /시간당 120,000원/대관 + 촬영 보조 패키지

· 14:00~24:00/시간당 660,000~1,200,000원/대관+촬영 보조
  +편집 패키지

Where(어디서) : 판매 위치와 상권
· 초기 : 상암동 방송국, 콘텐츠 제작사 등 접근성 고려
· 후기 : 마곡나루역 공항철도, 낮은 임차료, 주차 등 편의 시설
  확장

What(무엇) : 운영 형태와 정체성
· 초기 : 상암동 내 분리형 원룸형 오피스텔 입주/크로마키 블라
  인드를 시공해 VOD 제작
· 후기 : 마곡나루 내 방음 부스가 시공된 사무실 무권리 인수/크
  로마키 블라인드와 전자 칠판을 시공해 VOD 제작

Why(왜) : 공간 마련 이유
· 현재 회사의 가장 큰 지출이 편집비와 대관료임
· 공간을 만들면 내부 수요만으로도 충분히 이점이 있다고 판단
· 초기 공간에서 포트폴리오를 쌓아나가며 외부 단체 수요로 확장

How(어떻게) : 판매와 고객 유치 방법
· '렌탈스튜디오'라는 키워드를 사용해 검색 노출량 확보

- '탈잉', '크몽' 등 재능 기부 플랫폼에 입점해 강의 제작 체험 서비스 등 실수요 고객 A/B 테스트 진행
- 기존 렌탈스튜디오와 달리 모임 공간으로서의 활용을 배제해 '비드 폴리오' 등 영상 제작 중개 플랫폼에 추가 입점
- 단순 대관뿐 아니라 촬영 보조와 편집 서비스를 제공해 수요 확보
- 위 과정에서 확보한 포트폴리오를 바탕으로 '나라장터' 등을 통해 학회와 협회 등 단체 VOD 제작 수주

가진 것을 극대화하라

공간대여업을 처음 시작하는 창업자들을 보면 대체로 행동 양식이 정형화돼 있다. 본인이 '가진 것'이 아닌 '좋아 보이는 것'에 홀려 이것저것 열심히 구비하지만 결국에는 고객에게 선택받지 못하고 공간의 수명이 끝나버린다.

시장성을 떠나 운영자 입장에서 위험 부담은 낮고 생산성은 높은 공간대여업은 어떤 형태일까? 나는 '가진 것을 극대화'하는 형태라 판단했고 실제 렌탈스튜디오와 모임 공간 운영을 통해 검증했다.

가진 것, 즉 배경에는 크게 2가지 형태가 있다. 경험이나 지식같이 눈에 보이지 않는 무형의 배경과 사무실이나 자취방같이 눈에 보이는 유형의 배경이 있다. 사업을 위해 단독 사무실을 갖고 있다고 가정해보겠다. 본인과 배경이 비슷한 사업 선후배들을 모아 오프라인 네트워크를 구축할 수 있다. 데스크쉐어부터 시작해 공유오피스로의 확장이 가능하며 역량을 세분화해 프리랜서 전문가 모임 형태로 프로젝트 단위 협업이나 동업도 가능하다. 또한 '네이버' 블

공유사무실 공간(위)/데스크쉐어 공간(아래 왼쪽)과 모임 개최 모습(아래 오른쪽)

로그나 '유튜브' 등의 개인 온라인 채널을 운영하고 있다면 팬들을 만나는 오프라인 미팅이나 강의 등을 본인 공간에서 진행할 수 있다. 그러면 참가료와 대관료를 함께 가져갈 뿐 아니라 필요할 때는 개인 사무실로, 필요하지 않을 때는 다른 사람들의 모임 공간으로 활용이 가능하다.

왼쪽 사진은 내가 공유사무실과 데스크쉐어로 대여한 공간의 모습이다. 그리고 내가 운영 중인 공간에서 모임을 가진 모습이다.

시장이 원하는 것을 제공하라

공간대여업은 식당이나 카페 등 일반적인 오프라인 상권을 따라가지 않는다. 그렇다면 어떻게 접근해야 사람들에게 판매할 수 있을까? 망할 수밖에 없는 공간대여 창업 절망편과 성과를 낼 수밖에 없는 이상편의 운영 과정을 정리해봤다.

절망편

① 사람들이 필요로 하는 시설과 물품이 무엇인지 시장 조사를 하지 않고 본인의 생각만으로 구비한다.

② 인테리어 업체에 모든 걸 위임하고 평당 적게는 100만 원, 많게는

400~500만 원의 비용을 지불한다.

③ 이미 투자한 인테리어와 물품 비용을 회수하기 위해 시간당 5만 원 이상의 터무니없는 금액으로 플랫폼에 입점해 공간을 판매한다.

④ 매달 월세와 고정 지출을 간신히 지불하거나 적자 생활을 이어간다.

⑤ 운영한 지 6개월에서 1년 후 결국 손실 처리를 하고 폐업 신고를 한다.

너무 극단적이라고 생각하는가? 실제 내 세미나에 참석했던 사람의 사례다. 여러 '유튜브' 영상과 강의를 시청하며 공부하고 실행에 옮긴 것 자체는 좋지만 앞서 언급했듯 목표가 지척에 있어도 확실한 방향성 없이 표류하면 위와 같은 결과만 초래될 뿐이다. 그렇다면 실패하지 않는 공간대여 창업은 어떻게 해야 할까? 정확히 위 과정과 반대로 접근하면 된다.

이상편

① 시장 조사를 통해 사람들이 필요로 하는 시설과 물품을 정리하고 중복되는 항목만 교차 검증해 구비한다.

② 인테리어에는 최소 금액만 투자하고 저권리 또는 무권리 공간을 인수해 초기 투자 비용과 손익분기점을 최대한 낮춘다.

③ 목표 매출액 기준으로 역산해 시간당 또는 패키지당 비용을 산정한다.

④ 손익분기점을 최대한 빠르게 넘겨 수익 실현 구간에 도달한다.

⑤ 운영한 지 6개월 또는 1년마다 권리금을 받고 공간을 매각하거나 확장한다.

　시장이 원하는 것을 제공하는 공간대여 사업가가 되기 위해서는 '귀찮으니까 다른 사람에게 맡긴다'가 아니라 공간 기획부터 이용자 분석, 마케팅, 운영 자동화, 고객 서비스, 확장, 매각 시기 등 모든 요소를 운영자가 직접 계획하고 관리해야 한다. 그래야 공간 판매와 객단가 고도화가 가능한 환경이 구축된다.

　'귀찮은데 운영자가 꼭 직접 관리해야 하나요?'라는 질문을 하고 싶을 수 있다. 나라고 그런 생각을 해보지 않았겠는가. 걷지도 못하는 아이가 뛰려고 하면 넘어져 크게 다칠 뿐이다. 본인의 사업을 다른 사람에게 맡기기 전에 선행돼야 하는 것은 '본인이 잘 알고 직접 할 수 있는 업무 파악하기'다. 스스로 잘 알지도 못하고 직접 할 수도 없는 업무를 다른 사람에게 맡기면 정상적으로 전달되기도 어렵고 현황 파악도 안 된다.

　남은 내 것을 자기 것처럼 애정을 갖고 다루지 않는다. 그렇기 때문에 사업의 핵심 요소는 운영자 본인이 관리하고 그 외에 본인이 잘 알고 직접 할 수 있는 업무를 다른 사람에게 맡겨서 자동화를 진행하길 바란다.

실패를 성과로 바꾸는 방법

4,000명 이상의 전자책 독자와 VOD 강의 수강생을 접하고 깨달은 것 중 하나는 공간대여업으로 돈을 벌고자 하는 90% 이상의 사람은 다른 사업이나 부업의 실패 경험을 갖고 있다는 사실이다. 그래서 공간대여 창업 강의에서 실패 경험도 무기가 될 수 있다는 말을 하면 돌아오는 공통적인 질문이 있다. '실패한 경험은 어디에도 쓰지 못하는 폐품 아닌가요?' 내 대답은 항상 똑같다. '본인이 무엇을 판매하는지, 누구에게 판매하는지 알고 있다면 시행착오 없이 빠르게 다음 단계로 갈 수 있습니다. 쓸모는 판매자가 결정하는 게 아니라 구매자가 결정하는 것입니다.'

구매자 입장에서는 판매자가 실패를 했든 성과를 냈든 관심이 없다. 제공자와 이용자의 입장은 그런 것이다. 하지만 실패든 성과든 본인의 경험은 활용하기에 따라 수천만 원 이상의 값어치를 가질 수도, 그렇지 않을 수도 있다.

수많은 경험 활용 사례 중 하나를 이야기해보겠다. 내 강의를 들었던 한 수강생은 2012년부터 '네이버' 블로그를 운영했는데, 무분별한 체험단 글 발행으로 한때 파워 블로거까지 됐었지만 결국에는 저품질 블로그로 낙인 찍혀 폐쇄한 이력이 있었다. 이후 이 수강생은 여러 온라인 부업에 도전했지만 성과를 내지 못했다. 그런데 역설적이게도 온라인이 아닌 오프라인 공간대여 업종 중 파티룸 모임 공간을 창업해 월 매출 300만 원의 수익을 냈다. 본인의 1차 목표를 사업 시작과 동시에 달성한 것이다. 수익화에 있어 가장 큰 공로는 이제는 쓸모없다고 판단했던 블로그였다. 블로그를 통해 플랫폼을 경유하지 않고도 공간을 완성하기 전에 고객을 미리 확보할 수 있었다.

이 수강생이 블로그에 게시한 내용은 어떤 취지로 공간을 운영하게 됐고, 공간에서 무엇을 진행할지의 방향성 정도였다. 그럼에도 불구하고 오픈 전 3주의 렌탈프리* 기간 동안 10팀의 고객에게 미리 결제를 받았다.

핵심은 겉으로 좋아 보이는 그럴싸한 것이 아니라 사람들에게 공간을 이용해야 하는 명분을 충

* 약정한 기간 동안 상가, 사무실 등을 무상으로 빌려주는 임대 형식이다.

분히 제시하는 것이다. 공간을 만들기 전부터 또는 만드는 동시에 고객도 유치하는 이 과정은 크라우드 펀딩과 유사하다. 미리 고객 수를 채우고 정해진 날짜부터 판매하는 것이다.

어떤 형태로든 본인의 경험은 활용하기에 따라 기대 이상의 유용한 도구가 될 수 있다. 나아가 오프라인 모임을 만들어 본인의 경험을 판매하면 또 다른 부수입을 만들어낼 수도 있다. 나의 경우 파티룸 모임 공간을 운영한 100일 동안 약 6,000만 원의 매출을 올렸다. 아울러 이 수익화 경험을 오프라인 모임을 통해 판매해 6개월

동안 단일 플랫폼 매출 약 1,500만 원을 달성했다. 그러니 왜 추천하지 않겠는가?

실패 경험은 활용하기에 따라 수천만 원 이상의 수익화 도구가 될 수 있다고 확신한다. 상품 판매에 재능이 없던 내가 이미 경험한 길이니, 이 책을 읽는 여러분이 하지 못할 이유는 없다.

3

공간대여업에 관한 오해들

쉬운 부업이라는 착각

공간대여업을 비교적 쉬운 부업이라 생각하고 가볍게 접근한 사람들 중 큰 수익을 낸 사람은 지금까지 보지 못했다. '파티룸 안 팔리면 에어비앤비에 올리면 된다', '단기임대할 때 전대차 허가 받지 않고 그냥 시작해도 된다' 등 법의 규제를 벗어나는 건 당연히 하면 안 되고 법의 테두리 안에 있어도 어떤 사업을 운영하든 운영자는 위험 부담을 짊어져야 한다.

손쉬운 창업과 빠른 수익화를 목표로 법의 테두리 밖에서 운영을 하면 필연적으로 손실로 돌아온다. 본인의 기대 매출이 확정 손실이 되는 비참한 경험은 겪지 않길 바란다. 성수기와 비수기 영향을 받는 오프라인 사업 특성상 어느 때는 예상보다 큰 매출이 발생하지만 또 어느 때는 매출이 0원일 때도 있음을 인정하고 받아들여야 한다.

다음 사진은 내가 인천 청라에서 운영했던 단기임대 공간의 2023년 4월부터 2024년 3월까지 1년간의 순 매출이다. 12개월 중 1/4에 해당하는 3개월의 정산 금액이 0원임을 확인할 수 있다. 운영하는 공간이 기대 이상의 파이프라인이 되기도 하지만 반대로 애물단지가 되기도 한다는 사실을 기억하길 바란다.

공간대여 업종과 형태를 떠나 한 번쯤은 겪는 일이니 미리미리 위험 요소를 관리해야 한다. 이와 같은 이유로, 공간 운영 경력이 1년 미만의 초보 창업자라면 첫 매출이 급여 이상으로 많이 발생하

3, 매출증빙내역 요청에 대해 다음과 같이 전달 드립니다. (조회기간 : 20230401~20240331)

① 정산금액 (㉮+㉯)

정산월	정산금액 (계좌이체)	정산금액 (충전금)	합계
202304	1,194,989	0	1,194,989
202305	0	0	0
202306	959,846	0	959,846
202307	0	0	0
202308	1,099,992	-500	1,099,492
202309	558,946	-1,000	557,946
202310	2,391,782	0	2,391,782
202311	997,492	0	997,492
202312	0	0	0
202401	2,899,048	0	2,899,048
202402	3,482,634	-1,500	3,481,134
202403	1,416,142	-1,000	1,415,142
합계	15,000,871	-4,000	14,996,871

단기임대 공간 매출 자료

더라도 본업을 관두고 전업으로 전향하려는 위험한 생각은 하지 말길 바란다.

고정적인 수입 없이 공간대여업을 하는 것은 크게 4가지 이유 때문에 위험하다. 첫 번째는 사업 초기의 불확실성 때문이다. 공간대여업은 시작 첫날부터 안정적인 매출을 기대하기 어렵다. 초기에는 고객층을 확보하고 플랫폼에서 평점과 후기를 쌓으며 신뢰를 얻는 과정이 필요하다. 그런데 이 과정에서 예상보다 많은 시간이 소요될 수 있다. 고정적인 수입이 없다면 초기 운영 비용이나 예기치 못한 상황에 적절히 대응하기 어렵고 이는 곧 운영에 치명적인 영향을 미칠 수 있다.

두 번째는 시즌에 따른 매출 변동 때문이다. 공간대여업 특성상 요일, 계절, 그리고 이벤트 유무에 따라 매출이 크게 변동된다. 예를 들어 파티룸은 연말연시 같은 특정 시즌에는 수요가 몰리는 반면에 비수기에는 예약이 거의 없을 수 있다. 이처럼 매출이 고르지 않아 일정한 수입이 보장되지 않으면 운영 자금이 부족해지는 상황에 처할 수 있다.

세 번째는 비상 상황에 대한 대응력 부족 때문이다. 공간을 운영하다 보면 예상치 못한 상황이 반드시 발생한다. 설비 고장, 고객 잘못으로 인한 공간 손상, 새로 도입된 규제 등은 공간대여 사업에서 흔히 마주할 수 있는 비상 상황이다. 고정 수입 없이 모든 재원을 매출에 의존한다면 이런 상황이 발생했을 때 적절히 대응할 여력이 없어지고 이는 운영 중단으로 이어질 가능성이 높다.

네 번째는 심리적 압박과 불안감 때문이다. 공간 운영이 안정되지 않은 상태에서 고정 수입마저 없다면 운영자는 극심한 심리적 압박감과 불안감을 느낄 수밖에 없다. 이는 판단력을 흐리게 하고 장기적인 계획보다 눈앞의 생존을 급급하게 만들어 결국 실패로 이어질 위험이 높다. 공간대여업은 창의성과 전략이 필요한 업종인 만큼 안정적인 매출이 뒷받침되지 않으면 사업의 방향성을 잃기 쉽다.

공간대여 시장은 레드오션이다?

현재를 기준으로 공간대여 시장은 블루오션일까, 레드오션일까? 운영자가 어떤 시선으로 바라보느냐에 따라 충분한 채산성이 보장되는 블루오션이 될 수도, 한정된 수요로 공급자가 고통받는 레드오션이 될 수도 있다.

내가 경험한 공간대여 시장은 블루오션이면서 레드오션이다. 흔히 말하는 퍼플오션*이다. 큰돈을 들여 '진입 장벽 없는 공간'을 마련하지만 포화된 공급은 입지가 아무리 좋아도 객단가가 내려간

*치열하게 경쟁하는 시장인 레드오션과 경쟁자가 없는 시장인 블루오션을 합친 말이다.

다. 반대로 '시설과 브랜드가 갖춰진 공간'은 고객의 모수는 작을지 몰라도 높은 객단가를 유지할 수 있다. 각각의 예시를 들어보겠다. 전자는 플랫폼 기반의 원룸이나 오피스텔 단기임대가 해당된다. 후자는 렌탈스튜디오를 비롯해 타깃에 맞게 세분화한 키즈풀 파티룸, 게임 파티룸, 노래방 파티룸 등이 해당된다. 결국 고객을 특정하는 것과 고객에게 충분한 이용 가치를 제공하는 것에 따라 객단가와 이용 현황이 결정된다.

경쟁자가 하나도 없는 100% 블루오션 공간대여업을 찾는다면 무인도에 리조트를 짓는 것과 다를 바 없다. 이는 주변에 경쟁자가 없다는 말이 아니라 1명의 고객이라도 받을 수 있을지 미지수라는 말이다.

결국 차별화가 필요하다. 공간 자체에 차별화 요소를 더하려면 최소 수백에서 수천만 원의 인테리어 비용을 들여야 사람들로 하여금 '여기는 조금 다른데?' 정도로 인식된다. 따라서 공간 자체가 아닌 사람에게 제공할 수 있는 '경험'이 필요하다. 경험을 제공할 수 있다면 꼭대기 층 펜트하우스가 됐든 상가 건물 반지하가 됐든, 고객이 느끼는 감정의 가중치는 지불한 비용 대비 크게 바뀌지 않는다.

그렇다면 경험 제공을 위해 이용할 수 있는 요소로는 뭐가 있을까? 바로 운영자 본인이다. 운영자가 직접 본인의 공간에서 모임, 세미나, 강연 등을 한다면 '공간+지식'의 새로운 경험을 제공할 수 있다. 수십만 명의 구독자를 지닌 인플루언서가 아닌 평범한 사람의 지식과 경험도 수익화 도구가 될 수 있다.

나는 처음 '에어비앤비' 숙소를 호스팅할 때 '뭘 해야 할지 모르니 일단 남들처럼 해보자'라는 생각이었다. 그래서 보증금 1,000만 원에 관리비 포함 월세 105~115만 원의 오피스텔 3개를 임차했고 계약 직후 공유숙박 관련 법률이 제정되면서 법제화됐다. 당시 나의 사업은 법의 테두리 밖에 있었고 경차 값 수준의 인생 수업료를 지불해야 했다. 그래서 다짐했다. 다음에는 쉽게 망하지 않는 공간을 만들겠다고.

남들과는 다른 '콘셉트'의 중요성을 깨달은 나는 VOD 강의 제작에 특화된 렌탈스튜디오를 오픈했다. 당시 대부분 렌탈스튜디오는 화이트 톤의 우드 인테리어에 파티 테이블을 갖추고 10평 기준 1시간 이용료로 1~2만 원을 받았다. 나는 렌탈스튜디오라는 공간의 포맷만 가져오고 시설과 촬영 장비라는 진입 장벽을 세웠다. 오픈 첫 달, 시간당 4만 4,000원의 단가로 순수익 563만 원을 달성했다. 이 성과는 운영자인 내가 뛰어나서일까? 아니면 장비가 훌륭해서? 둘 다 아니다. 시장이 원하는 것을 파악하고 그것을 콘셉트로 내세웠기 때문이다.

결국 운영자의 만족도와 상관없이 그 공간을 누가, 어떻게 쓸 것인지 파악했기 때문에 어렵지 않게 달성한 수익이었다. 오른쪽 자

이용 세부사항	결제완료여부		결제일자	결제방법	조회결제금액	추가결제금액	미수금
스튜디오 촬영대관	완료		2021-10-21	스마트스토어	792,000	0	0
출장촬영	완료		2021-11-17	계좌이체	495,000	0	0
스튜디오 촬영대관	완료		2021-11-02	스마트스토어	297,000	0	0
스튜디오 촬영대관	완료		2021-11-04	카드결제	440,000	110000	0
스튜디오 촬영대관	완료		2021-11-05	계좌이체	396,000	0	0
스튜디오 장소대관	완료		2021-11-10	계좌이체	924,000	1100000	0
~~판촬영~~	~~환부완료~~		~~2021-11-16~~	~~계좌이체~~		0	0
스튜디오 촬영대관	완료		2021-11-17	계좌이체	100,000	350000	0
스튜디오 촬영대관	완료	X		계좌이체	330,000	0	0
~~출장촬영~~	취소	X	~~계좌이체~~		0	0	0
출장촬영	완료		2021-11-29	계좌이체	302,500	0	0
				합산액	초회 결제총액	추가 결제총액	미수 결제총액
				5,636,500	4,076,500	1560000	0

렌탈스튜디오 오픈 첫 달 매출 장부

료는 내가 렌탈스튜디오 오픈 후 정리한 첫 달의 매출 관리 장부다.

자, 다시 질문해보겠다. 공간대여 시장은 블루오션일까, 레드오션일까? 해볼 만하다고 생각된다면 본인이 만들고 싶은 공간의 생산성을 분석해보고, 힘들겠다고 생각된다면 매출은 낮지만 안정적인 수입을 확보할 수 있는 공간으로 눈을 돌려보길 바란다. 이를테면 파티룸은 경쟁이 심해 엄두가 나지 않으니 공유숙박이나 단기임대로 눈을 돌리는 것이다. 공간의 생산성 분석은 2장-5에서 자세히 설명했다.

4

나와 공간대여업의
적합성

공간대여업의 난도

공간대여업에도 난도가 있다. 난도가 낮으면 그만큼 수입은 적지만 안정적이고 난도가 높으면 그만큼 수입은 많지만 운영자의 역량에 따라 크게 좌우되며 불안정하다.

먼저 레벨 1이다. 본인이 임차한 공간을 단기임대하는 경우 수입이 월세 대비 50~120%라는 비교적 명확한 비율이 있고 위험 부담도 낮다. 플랫폼이 부동산 중개인 역할을 대신하는 만큼 번거롭지도, 수수료 요율이 과하지도 않다. 오피스텔이나 아파트 같은 주거공간은 운영이 잘 안 되면 중도 퇴실이라는 카드도 활용할 수 있다.

다음으로 레벨 2다. 보통 상가 건물에 마련하는 파티룸이나 렌탈스튜디오 같은 모임 공간의 경우 단기임대보다 수요층과 기대 수입을 확정하기 어렵다. 또한 운영자의 마케팅과 영업 역량에 따라 수입 편차가 크다. 동일한 조건하에 같은 공간을 운영해도 누구는 월세만큼도 못 버는데, 누구는 월 1,000만 원의 매출을 올리는 이유가 여기서 발생한다. 레벨 2의 공간대여업은 운영자 본인이 콘셉트 고도화를 통해 브랜딩 호스트가 되지 않으면 남들 다 하는 화이트 톤에 우드 인테리어를 하고 하루 10만 원 미만의 매출로 한 달에 40팀 이상의 고객을 받으면서도 월 수입이 100만 원도 되지 않을 가능성이 크다.

초보 창업자가 처음부터 파티룸이나 렌탈스튜디오 등의 모임 공간으로 시작하는 것은 명확한 배경과 본업과의 연관성이 없다면 추천하지 않는다. 초보자라면 공유숙박, 단기임대, 파티룸, 렌탈스튜디오 등 여러 공간대여 업종 중 단기임대를 조금 더 추천한다. 작게나마 직접 실행할 수 있는 좋은 모델이며 초기 투자금도 최소화할 수 있기 때문이다. 또한 주차장 공유 등과 같이 다른 수단들을 활용한다면 고정 비용도 줄일 수 있다. 공간대여업은 생각보다는 어렵고 걱정보다는 쉽다.

셀프 체크리스트

공간대여업을 시작하기 전 내 '유튜브' 영상을 본 예비 창업자들로부터 자주 듣는 말이 있다. "선달님 영상을 보면 공유숙박, 파티룸, 렌탈스튜디오 등 공간대여업을 선뜻 시작하기 힘들어요. 다른 분들과 다르게 말리는 느낌을 자주 받아요." 맞다. '이 정도면 충분하지'라는 생각으로 사업을 시작하면 공간 이용자 입장에서는 한없이 낮은 품질과 서비스로 느껴질 수 있기 때문이다. 따라서 명확한 타깃을 정하지 않았다면 창업을 추천하지 않는다.

하지만 예외적으로 공간대여업을 추천하는 경우가 있다. 이번 소단원을 읽고 '나는 저 사례에 해당하는데?' 또는 '역시 나는 공간대여업을 해야겠어'라는 생각이 든다면 고민보다 창업을 염두에 두길 바란다. 내가 '유튜브'에 첫 영상을 업로드했을 때부터 지금까지의 메시지는 똑같다. 특정 사례에 해당하지 않으면 공간대여업은 쳐다보지도 말라는 것이다. 본인이 다음의 사례에 해당하는지 셀프 체크해보길 바란다.

공간대여업을 준비하는 예비 창업자 1,000명 이상을 만나면서 성공 사례와 실패 사례가 나뉘는 이유를 관찰했다. 성공 사례, 즉 성과를 내는 유형들을 특정하면 다음과 같다.

① 공간대여 시장에 진출하려는 명확한 이유가 있는 경우

② 부동산 관련 기존 사업이나 투자 경험이 있는 경우

③ 운영자의 노동이 필요한 부분을 납득하고 운영하는 경우

④ 본인이 사용할 공간을 마련해야 하는 경우

①번부터 ④번까지 사례를 하나씩 소개하겠다. 그 전에 다음 2가지 질문을 보고 자신 있게 '네'라고 대답할 수 있다면 70%의 확신을 가지고 도전하는 것을 추천한다.

사람들에게 선택될 만한 충분한 메리트를 제시할 수 있는가?

시장에서 경쟁자와 차별화되는 요소를 갖출 수 있는가?

잠시 나의 이야기를 하자면, 다른 렌탈스튜디오 공간 운영자들이 시간당 1만 5,000원이라는 가격을 받고 '개인'에게 판매를 할 때 나는 서비스 가치를 높여 시간당 4만 4,000원부터 12만 원, 66만 원, 120만 원까지 받고 '단체'에게 판매를 했다. 1년이 조금 넘는 기간 동안 단체와 개인 고객의 비중을 1:9에서 8:2로 크게 늘렸다. 단체에게 판매를 하면 운영 빈도는 낮아지는데, 객단가는 오르기 때문에 운영자의 일이 줄고 생산성을 높일 수 있다. 또한 '청년디지털일자리사업'이라는 국가 지원 사업을 통해 직원들의 인건비를 절약했

다. 단체의 대관 수요를 파악하고 편집 기술이라는 차별화된 서비스를 제공해 성과를 냈다.

① 공간대여 시장에 진출하려는 명확한 이유가 있는 경우

공간대여업은 명확한 이유와 목적이 있을 때 더 높은 성과를 낼 수 있다. ④번과 내용이 이어질 수도 있으나 기획 단계에서 의도가 얼마나 반영이 됐느냐에 따라 구분된다. 공간대여업은 단순히 돈을 버는 목적보다 본업과 연결하거나 본인의 목표와 일치하는 방식으로 접근해야 성과를 낼 가능성이 크다.

예를 들어 공방을 운영 중인 사람이라면 기존에 쌓아둔 고객층과 노하우를 활용해 공간대여라는 선택지를 추가함으로써 운영자가 공방에 없어도 안정적인 매출을 올릴 수 있다. 또한 이벤트 기획이나 음식에 관심이 있다면 파티룸을 창업해 이벤트 플래닝이나 케이터링 등의 서비스와 결합해 하이엔드 모임 공간을 만들 수 있다. 왜 공간대여업을 해야 하는지 스스로 명확히 알고 시작하길 바란다.

② 부동산 관련 기존 사업이나 투자 경험이 있는 경우

내 세미나 멤버였던 A와 B는 부동산 경매와 인테리어 경험이 많았고 실제 경매로 낙찰받은 부동산을 리모델링해 월세를 받고 있었다. 이런 특기를 살려 경매를 통해 시세보다 저렴한 상가 건물을 낙

찰받았고 이곳에 파티룸을 오픈했다. 인테리어 경험을 녹여내 최소한의 비용으로 공간을 꾸몄고 시간당, 이용 일수당으로 요금을 받았다. 본업과 오랜 경험을 이용해 성과를 낸 사례다.

③ 운영자의 노동이 필요한 부분을 납득하고 운영하는 경우

무인화와 자동화, 많은 사람이 좋아하는 단어다. 다만 나는 안정적인 매출 확보 이전에는 공간대여업의 무인화나 자동화를 반대한다. 운영자가 파악하고 있고 남의 손을 빌리지 않아도 스스로 해결할 수 있는 업무를 무인화나 자동화해야 공간이 잘 운영되고 있는지 확인이 가능하다. 청소, 고객 서비스, 결제 확인 등 운영자의 노동을 들이고 그 노동 대비 효용성을 객관적으로 판단할 줄 알아야 비로소 성과를 낼 수 있다.

④ 본인이 사용할 공간을 마련해야 하는 경우

어차피 본인이 사용해야 하는 공간을 마련해야 하는 경우다. 공간을 물리적 또는 시간적으로 분할해 성격을 나누면 본인도 사용하면서 판매도 할 수 있다. 내 세미나 멤버였던 C는 공간을 시간적으로 나눠 활용함으로써 성과를 냈다. C는 오전에는 본인의 작업실로 사용하고 오후부터 심야에는 파티룸 등의 모임 공간으로 판매했다.

위 4가지 사례에 하나라도 해당된다면 공간대여업을 시작해도 괜찮다고 말하고 싶다. 반면에 4가지 중 해당되는 게 하나도 없다면 굉장히 높은 확률로 실패할 가능성이 크다. 실패의 두려움을 없애 려면 2장의 레벨 0부터 레벨 3까지 업종을 차례대로 실행해보길 권 한다. '작게나마 직접 해보는 것'의 경험을 누적시켜야 한다.

내 상황에 맞는 수익화 로드맵

이 책을 읽는 여러분은 각자 다양한 상황에 놓여져 있을 것이다. 사회에 첫 발을 내딛은 사회 초년생일 수도, 오래 일한 회사를 정년 퇴직한 중년의 어른일 수도, 프리랜서로 일하며 안정적인 수입을 얻 고자 하는 사람일 수도 있다. 각자의 상황이 다른 만큼 개개인에 맞 춰 공간을 운영해야 쉽게 폐업하지 않는다. 즉, 망해도 크게 타격을 입지 않는다는 말이다. 본인이 가진 것을 바탕으로 목표를 설정하고 그것을 달성하기 위해서는 소분해서 공략할 필요가 있다.

우선 본인의 상황에 맞춰 공간대여업을 시작하기 위해서는 크게 2가지 기준에 따라야 한다. '사업 초기에 얼마의 비용을 투입할 수 있는가'와 '매달 얼마의 매출을 확보하고 싶은가'다.

투자금 1,000만 원 전후/목표 수익 월 50~100만 원

초기 투자금이 1,000만 원 전후라면 오피스텔 원룸 단기임대 숙소를 추천한다. 위험 부담이 낮고 관리 시간도 비교적 적게 들기 때문에 초보 창업자가 경험을 쌓기 적합하다. 보증금과 시설비를 포함해 1,000만 원 전후로 시작해서 한 달에 약 50~100만 원의 수익을 얻을 수 있다. 단기임대의 강점은 최소 일주일 단위로 계약을 진행하면서 공실률을 낮추고 판매가를 시장 상황에 맞춰 조정할 수 있다는 점이다.

내 세미나에 참석했던 한 멤버는 보증금과 시설비 등을 포함해 800만 원으로 부산에 오션 뷰 숙소를 오픈했다. 현재 성수기와 비수기를 모두 포함해 월 평균 순수익으로 약 70만 원을 얻고 있다. 또 다른 멤버는 단기임대 공간을 처음 오픈하고 4주가 채 되지 않아 12주 장기 이용 고객을 받으며 매출 570만 원을 달성했다. 외국인 커뮤니티를 통한 직접 영업으로 시장 가격이 아닌 본인이 원하는 가격으로 판매해 성과를 냈다. 이처럼 소규모 투자로 시작할 수 있는 단기임대는 공간대여업의 가장 안전한 첫걸음이다.

투자금 1,500~3,000만 원/목표 수익 월 100~300만 원

초기 투자금이 1,500만 원에서 3,000만 원 사이라면 파티룸이나 렌탈스튜디오를 추천한다. 하루 1시간 정도의 시간을 들여 직접 관

리가 가능하고 최소한의 인테리어와 물품을 갖춘 15평 전후의 공간
이 적합하다. 또한 해당 공간을 운영자 본인의 사무실로 사용하면
서 동시에 유휴시간에는 대관을 할 수 있다.

나는 하루 4시간 모임 공간을 운영하면서 단일 플랫폼에서 6개
월간 1,500만 원의 매출을 달성한 경험이 있다. 보통 보증금과 시설
비를 포함해 3,000만 원으로 시작해서 월세를 지불하고도 매달 약
100~200만 원의 수익을 얻을 수 있다. 파티룸이나 렌탈스튜디오는
비교적 적은 비용으로 높은 수익을 기대할 수 있는 대표적인 공간
대여 업종이다.

투자금 3,000만 원~1억 원/목표 수익 월 300만 원 이상

초기 투자금이 3,000만 원에서 1억 원 사이라면 코워킹Co-Working이
나 코리빙Co-Living 사업을 추천한다. 단기임대나 파티룸, 렌탈스튜디오
등 공간 운영 경험이 있고 하나의 공간에 다수의 세입자를 통한 안
정적인 월세 현금 흐름을 만들고 싶다면 초기 투자금은 높지만 안
정적인 운영이 가능한 공유오피스나 합법 '에어비앤비' 등을 창업할
수 있다. 공유오피스는 사업자 수요를 확보할 수 있고 '에어비앤비'
는 고객 확보가 용이하다는 업종별 강점이 있다.

100평 규모의 공유오피스를 예로 들면 보증금 5,000만 원~1억
원, 월세 750~1,000만 원, 시설비는 평당 200만 원 전후로 설정해

공간을 구성한다면 평당 약 15만 원 전후의 수익을 기대할 수 있다. 초기 투자금이 충분하다면 장기적으로 수익성과 안정성을 동시에 가져갈 수 있는 사업 모델이다.

그렇다면 투자금에 맞는 공간을 어떻게 찾고 나중에는 어떻게 매각하는지 궁금할 것이다. 나의 팁은 온라인 부동산 커뮤니티를 잘 살펴보라는 것이다. 저권리나 무권리에 해당하는 효율 좋은 공간을 발견하고 합리적인 가격에 인수할 수 있는 경우가 꽤 많다. 다음 사진은 온라인 카페 '피터팬의 좋은방 구하기'에 있는 카테고리다. 공유숙박, 단기임대, 파티룸, 렌탈스튜디오 등 여러 공간을 사고팔 수 있고 이용자도 직접 찾을 수 있다.

온라인 카페 공간대여 관련 카테고리

공간대여업의 본질은 단순히 공간을 빌려주고 돈을 받는 것이 아니다. 본질은 공간의 가치를 창출하는 것이다. 공간을 통해 고객에게 새로운 가치를 제공함으로써 지속 가능한 수익 구조를 만드는 게 핵심이다. 투자금에 따라 적합한 업종을 선택하고 운영 효율성을 높이는 전략을 실행한다면 공간대여업은 부업을 넘어 매력적인 사업 기회로 확장될 수 있다.

5

공간대여업과
인테리어

임차인에게 인테리어 비용은 매몰비용이다

지금까지는 공간대여업을 통해 돈을 버는 것에 대해 이야기했지만 이번에는 반대로 돈을 쓰는 것에 대해 이야기하겠다. 공유숙박, 단기임대, 파티룸, 렌탈스튜디오, 공유오피스 등 임차인으로서 어떤 공간을 운영하더라도 파티션이나 책상, 침대 하나 달랑 두고 판매할 게 아니라면 최소한의 시설 투자는 아끼지 말아야 한다. 다만 임차인에게 인테리어 비용은 매몰비용이다. 회수할 가능성이 희박하기 때문에 반드시 신중한 계획과 선택이 필요하다.

시설 투자는 운영하는 공간이 주거 공간인지, 상업 공간인지에 따라 비용과 구비 시설이 크게 달라진다. 먼저 임차인으로서 주거 공간에서 수익화를 시도한다면 '시공의 영역은 건드리지 않는다'가 원칙이다. 만약 하자 있는 공간을 마련해 어쩔 수 없이 시공이나 보수를 해야 한다면 임대인에게 요청하는 것이 현명하다. 운영자는 집주인이 아닌 만큼, 돈을 들여 시공을 하더라도 그 비용을 보전받을 가능성은 극히 낮다.

운영자 개인의 욕심으로 스타일링해보고 싶은 것이 있거나 눈에 너무 거슬리는 것이 있다면 시트지를 비롯한 필름 시공과 조명 설치 정도로 간소화해야 한다. 그 외에 과도한 인테리어를 한다면 투입한 비용에 대한 값어치를 정산받을 수 없을 가능성이 크다. 결국 공간의 매각 시점에 시설의 가치는 시장 가격과 크게 차이 나지 않기 때문이다.

상업 공간에서 파티룸, 렌탈스튜디오, 공유오피스 등을 창업한다면 이야기가 다르다. 이런 공간을 새로 창업하는 경우라면 인테리어 비용이 필수적으로 수반된다. 하지만 임차인에게 인테리어 비용은 매몰비용임을 명심해야 한다. 그렇기 때문에 운영 경험이 있으나 결과가 아쉬운 곳을 저권리나 무권리로 인수하는 방식을 추천한다. 기존 공간을 인수하면 초기 시설 투자비를 크게 줄이면서도 공간을 보다 빨리 시장에 내놓을 수 있다는 장점이 있다.

하나의 팁을 알려주자면 기존 공간대여업장이 아니었던 미용실이나 바 같은 공간을 인수하는 것이다. 간단한 시설물 배치 변경과 적은 비용으로 극적인 효과를 연출할 수 있다. 다음 사진은 약 3,000만 원의 방음 부스 시설비가 투입된 개인 '팟캐스트' 사무실을 무권리로 인수해 VOD 강의 제작에 특화된 렌탈스튜디오로 전환해 운영했던 공간이다. 이처럼 기존 시설을 활용해 인테리어 비용을 최소화하면서 새로운 사업 모델로 공간을 재구성할 수 있다.

또한 온라인 플랫폼과 커뮤니티뿐 아니라 오프라인에서 부동산 공인중개사를 적극 활용하면 초기 투자금을 수백만 원에서 수천만 원까지 아낄 수 있다. 특히 공간을 처음 창업하는 임차인들에게는 가장 현실적인 비용 절감 방법이다.

VOD 강의 제작 특화 렌탈스튜디오

임대인에게 인테리어 비용은 콘텐츠다

임차인에게 인테리어 비용이 매몰비용이라면 임대인에게 인테리어 비용은 투자이자 콘텐츠를 추가 확보할 기회다. 단순히 공간을 빌려주는 임대업에서 벗어나 임차인에게 선택받을 수 있는 경쟁력을 가지려면 적정 수준의 리모델링이나 인테리어 투자는 장기적인 관점에서 매우 유효하다. 임대인의 인테리어 투자 효과로는 크게 4가지가 있다.

공간의 차별화

공간대여 시장이 치열해질수록 임대인에게도 경쟁력이 요구된다. 임차인의 사업 모델에 적합한 인테리어 요소를 갖춘 공간은 더 높은 임대료를 책정할 수 있다. 예를 들어 기본적인 방음 시설이 설치된 공간은 렌탈스튜디오나 VOD 제작 스튜디오를 찾는 임차인에게 훨씬 매력적으로 다가온다.

높은 초기 임대료

임대인 입장에서 기본적인 시설이 갖춰진 공간은 임대차 계약 시 초기 임대료 협상에서 우위를 점할 수 있다. 이는 임대인의 직접적인 수입 증가로 이어진다.

공실 기간 단축

인테리어가 잘 갖춰진 공간은 임차인을 찾는 시간이 단축된다. 공간대여업을 희망하는 임차인 입장에서는 초기 시설 투자비를 아낄 수 있는 곳을 선호한다. 따라서 기본 시설을 갖추면 임대인은 공간의 공실 기간을 줄일 수 있다.

장기 임대 계약

임차인 입장에서 초기 시설 투자비 부담을 줄일 수 있는 공간이라면 임대인과 장기 계약을 체결할 가능성이 높다. 특히 파티룸이나 렌탈스튜디오 같은 모임 공간은 인테리어에 따라 지속 가능성이 좌우되기 때문에 임차인이 장기간 머물 가능성이 크다.

임대인의 인테리어 투자는 단순히 돈을 쓰는 것에서 끝나지 않고 해당 공간의 콘텐츠를 강화하고 장기적으로 수익을 안정화하는 수단이다. 적정 수준의 투자로 공실률을 줄이고 임차인의 만족도를 높이며 장기 계약을 유도한다면 이는 곧 안정적인 임대 수익으로 연결된다.

임차인에게 인테리어 비용이 매몰비용이라면 임대인에게는 수익 증대와 공간 경쟁력 강화를 위한 도구다. 콘텐츠를 추가해 공간의 가치를 높이고 임차인의 니즈를 충족할 수 있는 방향으로 투자

한다면 장기적으로 성공적인 임대 사업을 운영할 수 있다. 투자 대비 효과를 최대화할 수 있는 방향으로 적정 수준의 인테리어 전략을 설계하는 게 임대인의 과제일 것이다.

공간에 콘텐츠를 더하라

사용할 수 있는 자본이 한정돼 있다면 인테리어나 시설에 투자하기보다 공간에 콘텐츠를 더하는 것이 수익성 측면에서 더 효과적이다. 이를테면 파티룸에 당구대나 노래방 기기 등을 구비하기보다 공간의 콘텐츠를 강화하는 게 오히려 객단가 상승에 도움이 된다.

콘텐츠를 활용한 공간 브랜딩 또는 스터디나 비즈니스 모임 등 운영자 본인의 경험 기반 모임을 해당 공간에서 갖는 것도 하나의 콘텐츠가 될 수 있다. 공간의 콘텐츠화는 시설 의존도를 줄이면서 효과적으로 수익을 창출할 수 있는 운영 방법이다.

공간대여업의 종류

공간대여업은 업종별로 각각의 특성과 수익 구조를 가지고 있다. 창업자는 이런 업종별 특성을 충분히 이해하고 본인의 상황과 목표에 맞는 업종을 선택해야 한다. 철저한 사전 준비, 데이터 기반 의사 결정, 고객 중심 운영은 필수적인 사업 요소다. 나아가 올바른 입지 선정과 운영 전략이 뒷받침된다면 공간대여 업은 꾸준히 성장 가능한 사업이다. 대표적인 공간대여 업종에 대해 알아보겠다.

공유숙박

공유숙박업으로 대표되는 '에어비앤비'는 개인이 소유하거나 임차한 공간을 여행자나 출장자에게 단기 숙소로 제공하는 글로벌 공유숙박 플랫폼이다. 외국인 이용자 비중이 높으며 후기와 평점 시스템이 숙소의 신뢰도와 예약률에 직접적인 영향을 미친다. 국내에서 '에어비앤비'에 숙소를 등록할 때는 각종 규제와 법적 기준을 준수해야 한다. 이용자의 숙박료가 주요 수입원이며 추가로 청소비, 주차비, 조식 등의 부가 서비스를 통해 수익을 다각화할 수 있다. '에어비앤비'는 일반적으로 호스트에게는 예약 총액의 3%를, 게스트에게는 최대 14.2%의 수수료를 부과한다.

단기임대

단기임대는 최소 일주일 단위로 주거 공간을 임대하는 방식으로, 하루 단위 숙박이 불가하다. 직장인, 출장자, 유학생 등이 주요 이용자며 보통 장기 체류가 목적이므로 안정성을 중시한다. 임차한 공간을 단기임대하는 경우 임대인으로부터 전대차 허가를 필수로 받아야 한다. 기존 숙박업과 다른 차별점으로는 어메니티를 제공하면 안 된다. 일주일 또는 1개월 단위의 임대료가 주요 수입원이며 장기적으로는 공실률 관리가 중요하다. 또한 시장 수요와 임대 기간에 따라 수익의 변동성이 있다.

쉐어하우스

쉐어하우스는 하나의 주택에서 개인 공간은 따로 사용하면서 거실, 주방, 욕실 등 공용 공간을 함께 사용하는 형태다. 주거 비용 절감과 공동체 생활을 원하는 젊은 층, 특히 대학생이나 사회 초년생이 주요 이용자다. 쉐어하우스는 월세와 공과금 부담을 줄일 수 있다는 경제적 이점과 더불어 사람들과 교류하고 친목을 도모할 수 있는 사회적 가치를 제공한다. 세탁기, 냉장고, 인터넷 등 생활에 필요한 편의 시설을 공유함으로써 저렴한 임차료에 생활 편리성을 누릴 수 있다. 방과 입실 인원에 비례한 임대료가 주요 수입원이다. 입주자 간의 갈등 해결과 공동체 생활 유지를 위한 규칙을 마련하고 청결 유지와 시설 관리를 통해 쾌적한 주거 환경을 조성하는 것이 중요하다.

파티룸

파티룸은 소규모 모임, 이벤트, 생일 파티 등을 위한 모임 공간으로 시간 단위로 대여한다. 친구, 커플, 가족 등이 주요 고객층이며 연말연시, 명절 등 특정 시즌에 높은 예약률을 보인다. 특히 파티룸은 테마 중심 운영이 가능한데 빈티지, 럭셔리, 게임 등 독특한 테마와 디자인으로 차별화가 가능하다. 시간 단위 대관료가 주요 수입원이며 평균 3~6시간 단위로 대여한다. 부가 서비스로 식음료와 장식 등을 별도 판매해 수익을 다각화할 수 있다. 청소와 유지 보수 비용이 꾸준히 발생하므로 관리 효율성이 중요하다.

렌탈스튜디오

렌탈스튜디오는 사진 촬영, 영상 제작, 콘텐츠 크리에이터 활동을 위한 공간으로 시간 단위로 대여한다. 스몰 브랜드, 광고 제작 팀, 유튜버 등이 주요 고객층이다. 공간 특성상 조명, 배경, 소품 등 전문 촬영 장비가 구비돼야 한다. 또한 미니멀, 클래식, 자연광 등 다양한 콘셉트의 공간 구성으로 차별화할 수 있다. 렌탈스튜디오는 웨딩 촬영, 제품 촬영, 영상 제작 등 다양한 용도로 활용되므로 웨딩 시즌이나 졸업 시즌 등 특정 시즌에 따라 예약률이 크게 변동된다. 시간 단위 대관료가 주요 수입원이며 공간 크기와 장비 수준에 따라 가격이 상이하다. 추가 장비나 소품 대여료 등으로 부가 수익 창출이 가능하다.

공유오피스

공유오피스는 여러 사람이 공간을 공유하며 이용하는 형태의 사무실이다. 업무 공간뿐 아니라 회의실, 프라이빗 오피스, 라운지 등 활용도가 높은 구조로 구성된다. 주로 스타트업, 프리랜서, 소규모 비즈니스 팀 등을 대상으로 한다. 일반적으로 멤버십 방식으로 운영되며 일간, 주간, 월간 등 이용 조건이 유연하다. 또한 공유오피스는 공간뿐 아니라 네트워킹과 협업의 기회를 제공해 이용자 간의 관계를 형성한다. 정기적인 이벤트나 네트워킹 세션을 통해 소속감을 높이는 경우도 많다. 월 단위 멤버십 요금이 주요 수입원이며 프린터, 회의실, 커피 등 사무 환경을 위한 부가 서비스를 제공해 수익을 다각화할 수 있다. 초기 인테리어와 시설 투자 비용이 높지만 매달 고정적인 수입이 확보되므로 안정적인 수익 창출이 가능하다. 참고로 '소호사무실'이라는 표현도 있지만 공유오피스라는 개념이 생기기 전에 사용하던 것으로, 둘은 동일한 업종이다.

2장

따라 하면
완성되는
돈이 되는
공간 만들기

1

수익화 : 모든 사람이
성공하지는 못한다

철저한 사전 준비는 필수다

공간대여업을 처음 시작하는 대부분의 사람은 본인이 생각하는 이상적인 공간을 꿈꾸며 실제 수익성을 비교 분석하거나 관리 용이성을 따져보지 않은 채 충동적으로 결정을 내리곤 한다. 하지만 공간대여업은 '효율적 운영에 기반한 수익 창출'이 중요한 사업이다. 본인이 꿈꾸는 이상적인 공간을 고집할수록 현실적인 부담은 높아질 수밖에 없다. 예를 들어 한 공간에서 월 매출 100만 원을 올린다고 해도 그 공간을 관리하기 위해 투입되는 시간과 비용이 증가한다면 손해가 날 수도 있다.

결국 수익성과 관리 용이성이라는 두 축을 어떻게 균형 있게 잡을 것인지가 공간대여업의 성패를 가른다. 즉, 수익성을 높이려는 시도와 관리 부담을 줄이려는 노력이 충돌할 때 무엇을 선택해야 할지 고민이 필요하다. 공간대여업은 운영자 본인이 감당할 수 있는 수준에서 시작해야 하며 처음부터 완벽한 공간을 만들기보다 점진적으로 운영 경험을 쌓아가는 것이 현실적인 실행 방법이다.

공간대여업은 공간만 구비했다고 해서 임차료의 50~100%를 더 받을 수 있는 편리한 부업이 아니다. 오히려 온라인 커뮤니티에 '권리금 없이 제발 인수만 해달라'는 식의 매물들이 쏟아지는 것을 보면 성과를 낸 사람보다 폐업하는 사람이 더 많아 보인다.

'모든 사업에는 위험 부담이 존재한다'는 생각을 가진 사람도 있을 것이다. 그러나 초보 창업자들이 성과를 내지 못하는 가장 큰 이유는 뜻밖에도 기본적인 항목을 간과하기 때문이다. 공간대여업은 단순한 임대업이 아니라 고객의 경험과 만족도가 매우 중요한 서비스업에 훨씬 가깝다. 그렇기 때문에 공간대여업을 준비하는 입장에서 '아무것도 안 해도 공간을 임대해 수익화할 수 있다'는 생각은 독이다.

성과를 낸 사람들의 공통점을 취하고 실패한 사람들의 공통점을 배제한다면 지속 가능한 파이프라인 구축은 생각보다 어렵지 않을 것이다. 이용자 입장에서 필요성을 이해하고, 시장 조사를 통해 타깃을 명확히 설정하며, 판매 전략을 수립해 이용자 수를 늘리고, 충성 고객으로 발전시키는 과정을 반복해나가면 된다. 그러면 반자동화에서 자동화까지 자연스럽게 전환되는 것을 경험할 수 있다.

버려진 공간을 돈이 되는 공간으로

공간을 빌려주고 돈을 버는 공간대여업, 높은 성과를 달성하려면 어떻게 해야 할까? 많은 사람이 실패하니 쳐다보지도 말아야 할까? 어떤 사업이든 곡소리가 나오면 그 안에 기회가 있다. 즉, 시장에서 어려움을 겪고 있는 사람들을 통해 경쟁의 틈새를 발견하고 그들의 실패 원인을 발판 삼아 성공 기회를 찾는 노력이 필요하다. 그들의 존재만으로도 그 시장에 들어갈 충분한 이유가 된다.

지금까지 공간대여업의 위험 부담에 대해 필요 이상으로 강조했지만 강조된 만큼의 메리트는 분명 존재한다. 오른쪽 사진은 실제 내 세미나 멤버와 나눈 메시지다. 이 멤버는 이미 시설비가 들어간 공간을 소정의 권리금을 지불하고 물품들을 손쉽게 양수했다. 즉, 이미 입증된 사업 모델을 활용할 수 있기 때문에 시장의 진입 장벽이 상대적으로 낮다. 또한 첫 시행착오를 배제할 수 있을 뿐 아니라 이미 궤도에 오른 공간을 인수해 손익분기점을 6개월 미만으로 당길 수 있다. 이런 점에서 공간대여업은 충분히 매력적이며 올바른

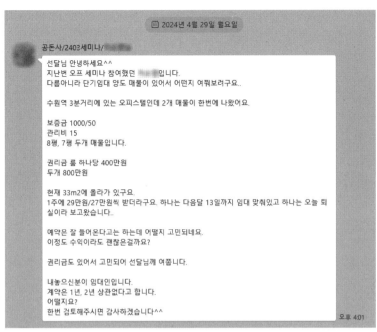

📅 2024년 4월 29일 월요일

공돈사/2403세미나/

선달님 안녕하세요^^
지난번 오프 세미나 참여했던 ███입니다.
다름아니라 단기임대 양도 물건이 있어서 어떤지 여쭤보려구요..

수원역 3분거리에 있는 오피스텔인데 2개 매물이 한번에 나왔어요.

보증금 1000/50
관리비 15
8평, 7평 두개 매물입니다.

권리금 룸 하나당 400만원
두개 800만원

현재 33m2에 올라가 있구요.
1주에 29만원/27만원씩 받더라구요. 하나는 다음달 13일까지 임대 맞춰있고 하나는 오늘 퇴실이라 보고왔습니다..

예약은 잘 들어온다고는 하는데 어떨지 고민되네요.
이정도 수익이라도 괜찮은걸까요?

권리금도 있어서 고민되어 선달님께 여쭙니다.

내놓으신분이 임대인입니다.
계약은 1년, 2년 상관없다고 합니다.
어떨지요?
한번 검토해주시면 감사하겠습니다^^

오후 4:01

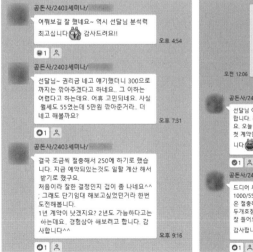

공돈사/2403세미나/
여쭤보길 잘 했네요~ 역시 선달님 분석력 최고십니다 🙇 감사드려요!!

오후 4:54
👍1 👤

공돈사/2403세미나/
선달님~ 권리금 네고 얘기했더니 300으로까지는 깎아주겠다고 하네요. 그 이하는 어렵다고 하는데요. 어휴 고민되네요 사실 월세도 55였는데 5만원 깎아준거라.. 더 네고 해볼까요?

오후 7:31
👍1 👤

공돈사/2403세미나/
결국 조금씩 절충해서 250에 하기로 했습니다. 지금 예약되어있는것도 일할 계산 해서 받기로 했구요.
처음이라 잘한 결정인지 겁이 좀 나네요^^; 그래도 단기임대 해보고싶었던거라 한번 도전해봅니다.
1년 계약이 낫겠지요? 2년도 가능하다고는 하는데요.. 경험삼아 해보려고 합니다. 감사합니다^^

오후 9:16
👍1 👤

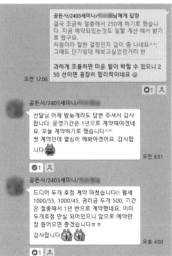

공돈사/2403세미나/███님에게 답장
결국 조금씩 절충해서 250에 하기로 했습니다. 지금 예약되어있는것도 일할 계산 해서 받기로 했구요.
처음이라 잘한 결정인지 겁이 좀 나네요^^; 그래도 단기임대 해보고싶었던거라 한

과하게 조율하면 미운 털이 박힐 수 있으니 250 선이면 굉장히 합리적이네요 ☺️

오전 12:06
👍1 👤

공돈사/2403세미나/
선달님 어제 밤늦게라도 답변 주셔서 감사합니다. 운영기간은 1년으로 계약해야겠네요. 오늘 계약하기로 했습니다^^
첫 계약인데 열심히 해봐야겠어요. 감사합니다 🙇

오전 8:31
✅1 👤

공돈사/2403세미나/
드디어 두개 호점 계약 마쳤습니다!! 월세 1000/55, 1000/45, 권리금 두개 500, 기간은 절충해서 1년 반으로 계약했네요. 이미 두개호점 만실 되어있으니 앞으로 예약만 잘 들어오면 좋겠습니다ㅎㅎ
감사합니다 🙇🙇

오후 4:00
✅1 👤

단기임대 공간 양수 사례

방향과 목표만 설정한다면 실행해서 나쁠 것이 없는 사업이라고 생각한다.

요식업이나 카페 등과 비교했을 때 공간대여업은 시작 단계에서 큰 자본이 필요하지 않다. 또한 인력을 구비하지 않아도 운영이 가능해 인건비 지출 또한 절감할 수 있다. 이런 점에서 '누구나 성공할 수 있다'는 장담은 못 하겠지만 '누가 운영하더라도 크게 망하지 않는다'는 확신은 줄 수 있다.

주의점은 맹신하지 않는 것이다. 사업에 대한 정보를 접할 때는 반드시 비판적으로 접근해야 한다. 다른 사람의 경험이나 조언을 있는 그대로 믿기보다 각자의 상황에 맞춰 교차 검증하고 분석하는 과정이 필요하다. 이 과정에서 스스로 결론을 내리는 것이 중요하며 내린 결론을 바탕으로 실제 행동까지 이어지길 바란다.

기회와 도전이 공존하는 공간대여업에서 여러분은 '현명한 사업가'와 '어리석은 망상가'라는 선택지 중 무엇을 택하고 싶은가? 부디 전자이길 바란다.

2

사업 선택 : 어떤 업종을
해야 할까?

  '수많은 공간대여업 중 나는 어떤 업종을 선택해야 할까?' 시중 공간대여 업종을 나열해보면 공유숙박, 단기임대, 공유회의실, 파티룸, 렌탈스튜디오, 쉐어하우스, 공유오피스, 스터디카페, 게스트하우스, 고시원, 모텔 등 수없이 많다.

  그렇다면 공간대여 업종은 어떤 기준으로 분류해야 할까? 크게 2가지 기준이 있다. 먼저 용도에 따른 구분이다. 가령 주거용으로는 공유숙박, 단기임대, 쉐어하우스 등이 해당되고 업무용으로는 파티룸, 렌탈스튜디오, 공유오피스 등이 해당된다. 다음으로는 난도에 따른 구분이다.

공간대여업의 난도에 따른 구분

공간대여 업종은 난도에 따라 크게 레벨 1~3으로 나눌 수 있다.

- 레벨 1 : 공유숙박, 단기임대, 공유회의실 등
- 레벨 2 : 파티룸, 렌탈스튜디오, 쉐어하우스 등
- 레벨 3 : 공유오피스, 스터디카페, 고시원, 모텔 등

자본금이나 확장성을 고려했을 때 레벨 1부터 차근차근 사업을 성장시켜 다음 레벨로 넘어가는 것이 가장 이상적이다. 위 레벨을 실제로 적용하면 다음 예시와 같다.

예시 1 | 20대 임차인

"제 명의의 집이 없어 세입자로 가볍게 시작하고 싶어요."

임차한 주거용 건물에서는 단기임대 운영을 추천한다. 나아가 본인이 주최한 모임의 공간이나 아지트로 사용한다면 파티룸이나 렌탈스튜디오가 조금 더 이상적이다. 이 경우 친구들과 협력해 공동으로 공간을 운영할 수도 있다.

예시 2 | 50대 임대인

"제 소유의 다가구주택에서 공간대여를 시작하고 싶어요."

서울 또는 부산에 위치하며 외국인관광도시민박업 요건이 충족
되는 경우 공유숙박을 추천하고 그렇지 않다면 단기임대를 추천한
다. 또한 주택의 구조와 입지, 관광지와의 근접성 등을 고려해 쉐어
하우스나 게스트하우스로 활용이 가능한지 검토해볼 수 있다.

예시 3 | 40대 부동산 투자자

"구축 원룸 건물을 갖고 있는데, 월세 수입이 기대 이하입니다.
뭘 해야 수입을 늘릴 수 있을까요?"

단기임대로 방을 나눠 판매할 경우 지역에 따라 상이할 수는 있
으나 임대차 월세 시세 대비 적게는 1.5배, 많게는 3배의 수입을 얻
을 수 있다. 건물의 용도 변경을 통해 소규모 숙박업으로 전환이 가
능하다면 일 단위 판매로 보다 높은 수입을 발생시킬 수도 있다.

예시 4 | 30대 사업가

"평소에는 사무실로 쓰다 사용하지 않을 때는 대관 수입을 발생
시키고 싶어요."

작게는 공유회의실이나 파티룸으로 시작하고 임대 소득을 보다
극대화하고 싶다면 회의실, 미팅룸, 사무실, 휴게실 등의 공간을 모

두 갖춘 공유오피스로 확장을 추천한다. 하나의 공간에서 여러 성격의 공간이 혼재되는 것은 작은 규모에서는 단점이 되나 큰 규모에서는 장점이 된다.

각각의 예시에서 볼 수 있듯이 운영자의 배경에 따라 선택할 수 있는 선택지는 다양하다. 배경만큼 선택지도 개인화돼야 실패에 대한 위험 부담을 헤지할 수 있으니 위 예시 중 본인이 어느 그룹에 해당되는지 생각해보길 바란다.

공간대여업은 입지를 비롯해 건물이 주거용인지 상업용인지, 투자금이 얼마인지에 따라 선택지가 달라지며 일 단위, 주 단위, 월 단위 현금 흐름에 따라서도 구분된다.

3

입지 선정 : 어디에 창업해야 할까?

공간대여업을 준비할 때 가장 중요한 요소는 무엇일까? 낮은 시설 투자비, 임차 시 낮은 임차료, 자동화 시스템 구축 등 여러 요소가 있을 수 있지만 내 경험상 가장 중요한 요소는 입지다. 입지는 단순한 지리적 요건을 넘어 브랜드 권위와 이미지에 큰 영향을 미친다. 예를 들어 서울 강남은 비즈니스 중심지이자 고급 이미지가 강한 지역으로 인식된다. 반면에 서울의 한 디지털단지는 많은 중소기업이 모여 있는 곳으로, 과거의 공단 이미지가 여전히 남아 있어 차별화된 매력이 떨어질 수 있다.

입지가 좋지 않아도 월세가 낮고 시설이 훌륭한 곳이면 성과를 낼 수 있지 않을까? 다시 말하지만 공간대여업은 단순 임대업이 아니라 고객의 경험과 만족도가 필수적인 서비스업에 가깝다. 따라서 사람들이 공간을 이용할 때 느끼는 감정과 경험은 입지에 따라 크게 달라질 수 있으며 이는 고객 유치 및 사업 운영과 직결된다. 공간을 판매할 수 있는 시간은 하루 중 일부에 불과하고 이용자가 원하는 시간은 고정돼 있다. 한 사람이 특정 시간에 공간을 예약하면 그 시간에 관심을 가지고 있던 다른 사람은 휘발된다. 그러므로 운영하려는 업종의 특성과 시장 수요를 파악한 후 가장 적합한 입지를 선정하는 것이 핵심이다.

단기임대 같은 필수재에 가까운 공간은 이용자의 목적에 따라 입지를 선정해야 한다. 예를 들어 20평 이상의 공간은 개인이 단독으로 사용하기보다 가족 단위 수요가 많으니 구축 아파트나 빌라가 밀집된 주거지역이 적합하다. 반면에 10평 미만의 소형 공간은 직장인들의 출퇴근이 용이한 업무 지구 인접 지역을 선정한다면 안정적인 수익화가 가능하다.

파티룸과 렌탈스튜디오 같은 모임 공간은 필수재보다 사치재 성격이 강하다. 그러므로 사람들이 만남의 장소로 선호하는 곳이나 유동 인구가 많은 곳인 대학가나 주요 업무 지구에 위치하는 것이 실패를 줄이는 방법이다.

'유튜브 영상 보니까 오히려 ○○지역 매출이 더 높다던데요?' 사업을 하는 사람이라면 '카더라' 식의 정보는 반드시 거르고 '진짜' 정보를 파악하는 능력을 키워야 한다. 특수 상권이나 남들이 하지 않는 시도를 하는 것은 경험 없는 초보자가 데이터 없이 접근하는 것과 마찬가지므로 굉장히 위험하다. 대중적인 수요가 높은 지역을 먼저 경험하고 그 후 특수 상권이나 특정 타깃을 설정하는 것이 바람직하다.

수요에 따른 입지 선정

경쟁이 심하다는 것은 그만큼 시장 규모가 크다는 것을 의미한다. 즉, 본인의 공간이 그 시장에 추가됐을 때 가격 변동은 크지 않다. 반면에 특수 상권이나 특정 타깃을 목표로 할 경우 본인 공간만으로도 시장 전체의 객단가가 크게 요동칠 가능성이 크다. 그렇다면 수요에 따라 적합한 입지와 특징은 무엇인지 하나씩 살펴보겠다.

교육 수요(대학교, 어학당 등)

대학교나 어학당 주변은 교육과 관련된 다양한 활동이 이뤄지므로 학생들과 학습자들의 수요가 크다. 공부나 그룹 활동을 위한 공간을 필요로 하므로 근처에서 모임 공간 성격의 공간을 운영한다면 안정적인 수요층을 확보할 수 있다. 또한 교육 수요를 목적으로 운영한다면 해당 공간은 학생들과 학습자들이 강의, 스터디, 그룹 프로젝트 등을 수행할 수 있도록 설계해야 한다. 대표적으로 파티룸, 스터디카페, 무인카페 등이 있다. 이 공간들은 가능한 한 학습 효과를 극대화할 수 있도록 설계해야 하며 편안한 좌석과 음료 서비스가 병행되면 더욱 좋다.

출장 수요(회의실, 작업실, 숙소 등)

비즈니스 출장자들은 임시로 사용할 수 있는 공간을 필요로 한다. 따라서 출장에 적합한 공간을 제공하는 것이 중요하다. 비즈니스 미팅이나 회의, 임시 작업 공간, 단기임대 숙소 등 성격에 맞는 공간을 제공한다면 회전율을 크게 높일 수 있다. 공항, 업무 지구, 관공서 근처 등의 지역은 출장자들이 목적에 따라 접근이 용이하므로 수요가 높다. 이런 지역에 위치한 공유회의실이나 단기임대 숙소는 우선적으로 선호된다. 더불어 출장자를 위한 별도 작업 공간도 함께 구비하는 등 고객의 니즈를 반영할 수 있다면 어렵지 않게 수익 다각화가 가능하다.

관공서 수요(법원, 시청, 구청 등)

법원이나 관공서 주변은 법률 및 공공 서비스와 관련된 사람들의 수요가 많다. 변호사나 그 외에 소송 관련 업무를 수행하는 사람들뿐 아니라 송사에 휘말린 피고와 원고, 단순 방문자들까지 임시로 사용할 공간을 필요로 한다. 또한 관공서 인근 역시 비즈니스 출장 수요와 유사하게 공유회의실이나 단기임대 숙소 창업을 추천한다. 관공서와 가까운 곳에 전문가와의 상담 공간이나 거주 공간을 제공함으로써 장기 고객 확보가 가능하다.

입지 선정은 단순한 선택이 아니다. 시장 흐름과 고객 니즈를 읽어내는 데이터 기반의 전략적 판단이다. 타깃의 수요와 행동 패턴을 이해하고 적합한 지역을 선정하는 일은 창업자가 반드시 거쳐야 하는 과정이다. 사람들이 어떤 목적으로 공간을 이용하는지, 어떤 지역에서 필요로 하는지 이해해야만 안정적인 운영과 수익 창출이 가능하다. 따라서 먼저 대중적인 수요가 높은 지역에서 실질적인 운영 경험을 쌓고 이후 특수 상권이나 특정 타깃을 목표로 확장하는 것이 바람직하다.

업종에 따른 입지 선정

공간대여 업종에 따라 추천하는 입지와 창업 대상이 달라지는데, 그중 몇 가지 업종의 추천 입지를 살펴보겠다.

단기임대

단기임대는 대학교 인근이나 업무 지구 주변의 주거형 오피스텔이 적합하다. 임시로 거주할 공간을 찾는 유학생이나 출장자 등을 타깃으로 하기 때문에 이런 수요가 높은 지역에 위치하면 안정적인 수익을 기대할 수 있다. 특히 교통이 편리한 지역일수록 더 많은 잠재 고객을 유치할 수 있다.

모임 공간

파티룸이나 렌탈스튜디오의 경우 사람들이 접근하기 쉬운 역세권이나 상업 시설이 발달된 곳을 추천한다. 파티룸은 주로 친구나 가족 모임, 생일 파티 공간으로 이용되기 때문에 접근성이 중요하다. 렌탈스튜디오는 주로 촬영이나 소규모 행사에 이용되므로 유동 인구가 많은 지역에 위치하면 마케팅 비용을 절약하고 예약률을 높일 수 있다. 특히 상권이 발달한 곳은 모임 공간이 위치하기에 최적의 입지다.

공유오피스

공유오피스는 업무 접근성이 높은 중심 업무 지구나 상업 지구에 위치하는 것이 좋다. 예를 들어 서울의 강남과 여의도 같은 비즈니스 밀집 지역을 추천한다. 공유오피스는 주로 프리랜서, 스타트업, 소규모 기업이 이용하므로 편리한 교통망과 주변에 다양한 생활 편의 시설이 있는 게 경쟁력이 된다.

4

공간 탐색 : 어떻게
적합한 공간을 찾을까?

공간대여업의 첫 단추를 잘 꿰려면 적합한 공간을 찾는 것이 중요하다. 그러기 위해서는 부동산 공인중개사를 적절하게 활용할 줄 알아야 한다. 나는 공인중개사를 통해 권리금 없이 3,000만 원 이상의 시설이 구비된 공간을 인수한 경험이 있다. 전대차 허가도 30회 이상 받았다. 이런 경험들로부터 터득한 공인중개사 활용법을 비롯해 임대차 계약 전후 주의 사항을 알려주겠다.

부동산 공인중개사 활용법

요구 조건 세분화

성과를 내기 위해서는 공간을 찾는 시작부터 요구 조건을 세분화해야 한다. 신축, 넓은 공간, 역세권 등 막연히 남들이 선호하는 조건을 설정한다면 보증금과 월세는 높아지고 수익률은 떨어진다. 100점짜리 공간을 찾을 때까지 투자금을 높이는 게 아니라 교통, 입지 등 본인이 타협할 수 있는 조건과 타협하지 못할 조건을 파악하고 세부적으로 설정해야 한다. 그래야 단순히 공간을 구하는 것을 넘어 수익을 극대화할 수 있다. 또한 파티룸이나 렌탈스튜디오를 운영한다면 주차 가능 여부, 방음 시설 유무 등과 같은 필수 요구 조건을 정하고 공인중개사에게 전달해야 적합한 매물을 빠르게 찾을 수 있다.

용도 설정

공간 용도를 명확히 설정한 후 공인중개사에게 전달해야 한다. 예를 들어 파티룸이나 렌탈스튜디오를 운영하려는 경우 적합한 공간을 찾기 위해서는 공인중개사에게 용도와 사업 목적을 명확히 전달해야 적합한 공간을 소개받을 수 있다.

예산 설정

공간대여업에 사용할 수 있는 예산을 미리 정해둬야 한다. 예산은 임차료와 관리비를 포함한 총 비용으로, 본인이 감당할 수 있는 범위 내에서 설정한다. 예를 들어 보증금 1,000만 원, 관리비 포함 월세 150만 원 내외 등 구체적인 계획을 세워 공인중개사와 논의할 준비를 해야 한다.

소통

공인중개사와의 첫 연락에서부터 명확한 요구 사항을 전달하는 것이 매우 중요하다. 이는 공인중개사가 적합한 매물을 찾는 데 도움이 되며 시간을 절약할 수 있다. 다음은 공인중개사에게 보낼 수 있는 메시지 예시다. 복사해 여러 사람에게 보내면 효율적으로 매물을 찾을 수 있다.

> 안녕하세요. OOO 플랫폼에서 보고 연락 드립니다. 파티룸 용도로 사용할 공간을 찾고 있습니다. 보증금 1,000만 원, 월세 150만 원 이하에 방음 시설이 갖춰져 있거나 추가 시공이 가능한 매물을 원합니다. 해당 조건에 맞는 매물이 있으면 연락 부탁드립니다.

이렇게까지 세부적인 정보를 보내면 공인중개사로 하여금 '이 의뢰인은 계약을 하겠다'는 생각이 들게 해 적극적으로 임할 가능성이 크다. 반대로 단기임대나 쉐어하우스 등 임대인의 전대차 허가가 필요한 경우에는 다음같이 메시지를 보내길 추천한다.

> 안녕하세요. OOO 플랫폼에서 보고 연락 드립니다. 2호선 OO역 인근 오피스텔을 찾고 있으며 단기임대를 운영하기 위해 전대차 허가를 얻을 수 있는 공간을 구하고 있습니다. 보증금 1,000만 원, 관리비 포함 월세 100만 원 이하의 매물을 원합니다. 해당 조건에 맞는 매물이 있으면 연락 부탁드립니다.

사무실이나 상가가 아니라 주거 공간을 찾을 때는 주차 가능 여부, 반려동물 동반 가능 여부, 흡연 가능 여부 등을 세부적으로 기재하고 해당 공간에서 문제 소지 없이 깔끔하게 사용할 임차인임을 적극적으로 어필하는 것이 좋다. 위 예시 형식으로 공인중개사에게 첫 메시지를 보낸다면 임차인과 임대인, 그리고 공인중개사 모두 오해 없이 깔끔한 계약 진행이 가능할 것이다.

임대차 계약 전후 주의 사항

공간 검증

앞선 과정을 통해 공인중개사에게 매물 정보를 전달받았다면 계약을 결정하기 전 본인의 요구 조건 중심으로 다시 한 번 검증해야 한다. 상권 중심지나 접근성이 좋은 곳에 있는지(위치), 보증금과 월세 등의 비용이 예산에 맞는지(가격), 방음 및 인테리어 상태와 주차 가능 여부 등(시설)을 꼼꼼히 확인하는 과정이 필요하다.

공간 임장과 협상

다음의 두 과정을 통해 계약을 하려는 쪽으로 마음이 쏠린다면 평일 출퇴근 시간대와 주말에 최소 두 번 정도는 해당 공간을 직접 방문해봐야 한다. 내부는 볼 수 없더라도 실제 유동 인구와 외부 소음 등을 파악할 수 있다. 사진이나 설명만으로는 알 수 없었던 중요한 정보를 얻을 수 있다.

✔ 공간 임장

임장 시에는 크기, 채광, 방음, 인테리어, 청결 상태 등을 세심하게 확인해야 한다. 특히 방음과 인테리어 상태는 수익성에 큰 영향을 미칠 수 있으므로 꼼꼼히 살펴봐야 한다.

✔ 임대 조건 협상

공간이 마음에 든다면 임차료와 권리금 등의 조건을 협상해야 한다. 협상 전 본인이 지불할 수 있는 금액을 미리 정한 후 협상에 임하는 것이 좋다. 계약서의 특약 사항을 통해 전대차 허가, 렌트프리, 원상 복구 등의 항목을 조율해야 한다.

계약 체결과 관리

협상이 마무리됐다면 마지막으로 계약서를 꼼꼼히 검토하고 체결하는 단계다. 이때 주의해야 할 사항들이 있다. 계약 기간이 충분한지와 중간에 계약을 해지할 수 있는 조건이 있는지(임차 기간), 계약서에 기재된 금액이 협상한 금액과 일치하는지(임차 금액), 방음 공사나 기타 시설 설치 등이 필요한 경우 계약서에 명시해 사전에 분쟁을 방지해야(특약 사항) 한다. 계약 후 입주 전에는 해당 공간에 하자나 문제가 없는지 꼼꼼히 확인하고 사진으로 기록해둔다. 추후 하자 발생 시 증거 자료로 활용할 수 있으며 임대인에게 보수를 요청할 수 있다.

공간대여업에서 명확한 사업 목적과 그에 걸맞은 공간의 기준을 세우는 것은 매우 중요하다. 이것을 바탕으로 공인중개사를 잘 활용해야 비로소 성공적인 운영이 가능하다. 공인중개사와의 원활한 소통, 효율적인 협상, 적절한 계약 체결을 통해 원하는 공간을 찾고 수익을 극대화할 수 있다.

5

목표 수립 : 월 매출 500만 원 달성 공식

공간대여업으로 월 매출 500만 원, 월 순수익 300만 원을 달성하려면 얼마만큼의 노력이 필요할까? 창업 전에는 공간을 구하는 것부터 인테리어 시공, 물품 구비, 인력 구인 등 모든 게 막막하다. 핵심은 '내 공간이 하루에 단 1명에게 18만 원 이상을 지불받을 수 있는가'다. 즉, 월 매출 500만 원을 달성하려면 파티룸이나 렌탈스튜디오 같은 모임 공간의 경우 시간당 2만 8,000원씩 한 달에 180시간을 판매하거나 하루 18만 원씩 한 달에 28일 이상을 판매하면 된다. 그 외의 것들은 모두 부차적인 요소다.

공유숙박이나 단기임대도 크게 다르지 않다. 하나의 숙소에서 순수익이 얼마나 나오는지 보고 월 순수익 300만 원을 계산하면 된다. 보수적으로 공유숙박은 한 달에 150만 원, 단기임대는 한 달에

50만 원의 순수익이 남는다면 공유숙박 숙소 2개를 운영하거나 단기임대 숙소 6개를 운영하면 충분히 달성 가능하다. 정리하면 다음과 같다.

모임 공간(파티룸, 렌탈스튜디오 등)

[월 매출 500만 원 달성 공식]

판매가 28,000원(1시간)×180시간=5,040,000원

판매가 180,000원(1일)×28일=5,040,000원

숙소 공간(공유숙박, 단기임대 등)

[월 순수익 300만 원 달성 공식]

월 순수익 150만 원(1개)×2개 숙소=3,000,000원 → 공유숙박의 경우

월 순수익 50만 원(1개)×6개 숙소=3,000,000원 → 단기임대의 경우

두 공식을 다르게 이야기하면 '월 매출 500만 원 달성 공식'은 본인의 시간을 투입해 매출 향상을 택하는 것이고, '월 순수익 300만 원 달성 공식'은 소정의 매출을 포기하고 편한 관리를 택하는 것이다. 단일 공간을 매일 관리하며 매출을 극대화시키거나 낮은 수입의 공간을 복제해 여러 개 운영하는 것이 공간대여업 수익화의 핵심이자 딜레마기도 하다.

월 매출 500만 원이나 월 순수익 300만 원이 아니더라도 본인만의 목표 금액을 정해 앞서 제시한 공식처럼 계산해보길 바란다.

6

실전 레벨 0 :
자투리 공간 판매하기
(룸메이트, 데스크쉐어)

공간대여업 시작 첫 단계에서 가장 중요한 것은 자본의 크기가 아닌 적당한 노력으로 수익화를 할 수 있는 본인만의 루틴을 찾는 것이다. 즉, 본인 이름으로 된 건물이나 고가의 부동산이 있어야만 시작할 수 있는 사업이 아니라 세입자 입장에서 남의 것을 빌려 잘게 판매하는 것만으로도 수익화가 가능하다.

물론 특정 공간을 빌려 온전히 판매할 수 있다면 더할 나위 없이 좋겠지만 추가 공간을 임차하는 게 금전적으로 부담이 될 수 있다. 그렇다면 본인이 현재 사용하고 있는 공간의 자투리 판매, 즉 다른 사람과 공유하는 것만으로도 사업을 시작할 수 있다. 74쪽에서 언급한 레벨 1~3까지의 공간대여업에 앞서 레벨 0 단계에서 시도해 볼 수 있는 업종에 대해 알아보겠다. 다음 사진은 내가 처음 단기임

대를 운영했던 인천 청라의 신축 오피스텔 입주 당시 모습이다. 입주 후 최초 1개월은 룸메이트와 함께 거주했고 이후 원래 목적이었던 단기임대를 운영했다.

집의 여유 공간을 룸메이트에게 제공하거나 사무실 좌석을 공유하는 정도면 충분하다. 이런 작은 경험들을 누적시켜 집 같은 주거 공간의 경우 '단기임대→공유숙박→고시원·모텔'로 이어지는 코리빙 단계로 수익화를 할 수 있고, 사무실 같은 상업 공간의 경우 '데스크쉐어→모임 공간→공유오피스'로 이어지는 코워킹 단계로 점차 큰 공간으로 넓혀가며 수익화를 할 수 있다.

핵심은 첫 시작 단계에서 절대로 무리하게 일을 벌이지 않는 것이다. 미약한 판매 경험일지라도 시도해보고 본인만의 주관이 있는 사업가가 돼야 한다. 그렇지 않으면 유행에 휩쓸려 콘텐츠가 없는 공간을 줄줄이 창업해 일을 벌이고 수습하지 못하는 불상사가 생길 수 있다.

이어서 주거 공간과 상업 공간 공유 방법에 대해 조금 더 자세히 살펴보겠다.

룸메이트와 함께 거주하면 월세를 절감할 수 있다?

가능하다. 룸메이트와 주거 공간을 공유함으로써 월세라는 고정 지출을 줄이는 방법에 대해 단계별로 알아보겠다.

스텝 1 | 거주 공간 분석하기

고정 지출 절감을 위한 첫 번째 단계는 현재 살고 있는 공간을 면밀히 분석하는 것이다. 방이 여러 개 있는 집 또는 벙커침대* 등의 배치가 가능한 원룸이라면 룸메이트를 구해 월세 부담을 줄일 수 있다. 이때 중요한 것은 개인 공간과 공용 공간의 명확한 구분이 가능한지, 욕실이나 주방 같은 공간을 어떤 기준으로 사용할

> * 2층 침대 구조로, 1층 에는 서랍장이나 책상 을 두어 공간을 활용할 수 있고 2층에는 침대 를 둔다.

지 사전에 정하는 것이다. 다음 사진은 각각 분리형 투룸 오피스텔과 벙커침대가 설치된 원룸이다. 투룸의 경우 개인 공간과 공용 공간 정의가 어렵지 않으나 원룸의 경우 공간 구분이 어려울 수 있다.

분리형 투룸 오피스텔(왼쪽)과 벙커침대가 설치된 원룸(오른쪽)

따라서 룸메이트와 함께 생활하면서 문제가 될 만한 요소는 사전에
협의하는 것이 최선이다.

스텝 2 | 룸메이트 구하기

첫 단계에서 룸메이트를 구하기로 마음먹었다면 이제는 행동할
차례다. 룸메이트는 신뢰할 수 있는 플랫폼을 통해 모집하는 것이
좋은데, 대표적으로 '피터팬의 좋은방 구하기', '독립생활', '고방'
등의 부동산 플랫폼을 활용하거나 지역 온라인 커뮤니티에서 찾을
수 있다. 룸메이트는 본인의 생활 방식과 잘 맞는 사람을 찾는 게
중요하며 상호간 생활 규칙을 명확히 정해야 한다. 예를 들어 청소
주기나 공용 공간 이용 규칙, 조용히 해야 하는 시간 등을 미리 협
의하고 이를 기록으로 남기는 것이 좋다. 오른쪽 사진은 실제로 온
라인에서 룸메이트를 구하는 글들이다.

돈암동 ████████ 룸메이트(하메)구합니다 😊	███████████ ▪	2024.12.22.
[방있음] 인천 미추홀구 ████ 룸메이트 구합니다(큰방, 작은방) 😊	███ ▪	2024.12.21.
[방있음] 석계역 아파트 룸메이트 구합니다(1월1일부터 입주가능) 😊	███ ▪	2024.12.21.
[방있음] 송파거여동 아파트 룸메이트 쉐어하우스 보100만원/월30만원 😊 [1]	████████ ▪	2024.12.19.

온라인 커뮤니티의 룸메이트 구인 글

스텝 3 | 월세와 공과금 분배 및 계약서 작성하기

룸메이트와 함께 거주하면 월세와 공과금 분배에 대한 명확한 기준을 세워야 한다. 방 크기나 위치에 따라 월세 금액을 다르게 설정할 수 있고 공과금은 사용량에 따라 정산하는 방식이 일반적이다. 따라서 미리 세부 항목에 대해 조율하는 편이 좋다. 이런 방식으로 월세 부담을 줄이면 금전적 여유가 생기면서 이후 더 큰 규모의 공간대여업으로 확장할 수 있는 기반이 된다. 월세와 공과금, 이용 규칙 등을 정했다면 계약서를 작성해야 한다. '굳이?'라는 생각이 들 수 있지만 문서화를 해두면 추후 발생할 수 있는 분쟁을 줄이거나 사전 예방이 가능하다. 98, 99쪽은 룸메이트와 생활 시 권장하는 계약서 양식이다.

스텝 1~3의 경험이 있다면 74쪽의 레벨 1~3까지 폭넓게 활용이 가능하다. 지금의 룸메이트가 미래의 내 세입자와 마찬가지인 셈이다.

룸메이트 계약서 양식

룸메이트 계약서

제1조 당사자 정보

1. 룸메이트 A (이하 "임차인 A")
   - 성명: 홍길동
   - 생년월일: 1990년 01월 01일
   - 연락처: 010-1234-5678
2. 룸메이트 B (이하 "임차인 B")
   - 성명: 김철수
   - 생년월일: 1992년 03월 15일
   - 연락처: 010-5678-1234

제2조 목적 및 계약 기간

1. 이 계약서는 서울특별시 강남구 역삼동 XX오피스텔 XX호(이하 "원룸")의 임대차 계약에 따라 룸메이트 간의 비용 분담 및 생활 규칙을 명확히 하기 위해 작성되었습니다.
2. 계약 기간은 2024년 1월 1일부터 2025년 12월 31일까지 총 2년입니다.
   - 계약 갱신은 계약 만료일로부터 30일 전에 상호 협의하여 결정합니다.

제3조 임대료 및 보증금 분담

1. 총 월세 금액은 ₩1,000,000이며, 임차인 A와 B는 각각 ₩500,000씩 부담합니다.
   - 각자의 부담금은 매월 25일에 원룸 소유주 계좌로 직접 송금합니다.
   - 소유주 계좌 정보: 국민은행 123-456-7890 (예금주: 박소유주)
2. 총 보증금은 ₩10,000,000이며, 임차인 A와 B는 각각 ₩5,000,000씩 부담합니다.
   - 보증금 반환 시 각자의 납부 금액에 따라 반환받습니다.

제4조 거주 공간 및 공용 공간 사용

1. 거주 공간 배정
   - 임차인 A는 원룸 내 침대와 창가 쪽 책상 및 옷장을 독점적으로 사용합니다.
   - 임차인 B는 원룸 내 소파 침대와 안쪽 벽면 책상 및 옷장을 독점적으로 사용합니다.
2. 공용 공간
   - 주방, 화장실, 냉장고, 전자레인지 등 공용 설비는 공동 사용하며, 사용 후 청결 유지에 노력해야 합니다.

제5조 공과금 및 생활비 분담

1. 전기, 수도, 가스 요금: 매월 사용량에 따라 총액을 확인 후, 절반씩 분담합니다.
2. 인터넷 요금: 월 ₩30,000이며, 임차인 A와 B가 각각 ₩15,000씩 부담합니다.
3. 생활비 (공용 물품)
   ○ 화장지, 세제, 쓰레기봉투 등 공용 생활 필수품은 매월 1회 교대로
      구매합니다.

제6조 생활 규칙 및 의무

1. 소음 및 청결 관리
   ○ 야간 (오후 10시 이후)에는 소음을 최소화합니다.
   ○ 공용 공간은 사용 후 바로 청소하며, 쓰레기는 매주 월요일 아침에 공동으로
      배출합니다.
2. 방문객
   ○ 사전 합의 없이 방문객을 초대할 수 없습니다.
   ○ 방문객이 있을 경우, 최소 24시간 전에 상대방에게 통보해야 합니다.
3. 물건 관리
   ○ 상대방의 물건은 허락 없이 사용하지 않습니다.
   ○ 개인 물건 분실 및 파손 시 본인이 책임집니다.

제7조 계약 해지 및 보증금 반환

1. 계약 해지는 상호 합의 하에만 가능합니다.
2. 계약 중도 해지 시, 중도 해지를 요청한 임차인은 본인의 대체 입주자를 구해야
   합니다.
3. 계약 종료 후 원룸 상태를 확인하며, 파손 및 손상 비용은 원인 제공자가 전액
   부담합니다.

제8조 분쟁 해결

1. 상호 협의로 해결하지 못한 사항은 서울중앙지방법원을 관할 법원으로 합니다.
2. 분쟁 발생 시 모든 대화 및 거래 내역은 기록 및 보관해야 합니다.

제9조 서명 및 합의

본 계약의 모든 내용을 충분히 이해하였으며, 이에 동의합니다.

- 임차인 A 서명: _____ 주민번호 : _____ (날짜: _____)
- 임차인 B 서명: _____ 주민번호 : _____ (날짜: _____)

사무실에 남는 좌석으로 부수입을 만들 수 있을까?

룸메이트를 구하듯 사무실 좌석을 공유(데스크쉐어)할 사람을 구하면 얼마든지 부수입을 만들 수 있다. 공간을 이용할 명확한 목적이 있는 사람, 즉 프리랜서나 공부가 목적인 사람 등을 찾아 사무실을 공유한다면 고정 지출을 줄일 수 있다. 이때 본인이 하는 일과 협업이 가능한 사람을 구하면 고정 지출 절감뿐 아니라 생산성도 함께 높일 수 있다.

데스크쉐어 공간

스텝 1 | 사무실 공간 분석하기

사무실 내 자주 사용하지 않는 좌석이나 회의실이 있다면 그곳이 언제 사용되는지, 누군가와 공유했을 때 지장이 없는지 먼저 파악해야 한다. 자리당 비용을 책정해 판매한다면 고정된 지출을 이용자 수만큼 1/N로 분산할 수 있다. 다음 사진은 실제로 공유회의실로 분할해 판매했던 모임 공간의 모습이다. 주간에는 회의실, 야간에는 파티룸 겸 렌탈스튜디오로 운영했다.

공유회의실 겸 모임 공간

스텝 2 | 임차인 구하기

데스크쉐어를 할 때는 온라인 플랫폼을 통해 임차인을 구할 수 있다. 대표적인 플랫폼으로는 '피터팬의 좋은방 구하기'나 스타트업 및 비즈니스 커뮤니티, 중고 거래 커뮤니티가 있으며 좌석을 시간이나 월 단위로 판매한다. 이때 공유할 좌석의 위치, 시간대, 제공되는 부가 서비스(인터넷, 프린터 사용 등) 등을 명확히 기재해 추후 발생 가능성이 있는 분쟁의 소지를 줄이는 게 중요하다. 팁을 하나 알려주자면 대형 공유오피스가 아닌 본인의 사무실을 함께 사용해야 하는 메리트가 무엇인지 강조하면 좋다. 금액대는 대형 공유오피스 1인실 월세의 절반 정도 가격으로 판매하면 임차인 구하기가 조금 더 수월할 것이다. 다음 사진은 온라인 중고 거래 커뮤니티에서 사무실을 쪼개 판매하는 글들이다. 보증금은 월세의 2개월치, 월세는 스터디카페와 브랜드 공유오피스 사이 수준이면 적당하다.

[사무실] 선릉역 도보 3분, 23년 11월 입주, 새로 인테리어한 깔끔한 사무실 공유(쉐어) ☺		2024.12.02.
[사무실] 사무실쉐어 송파구 잠실동 잠실새내역 월 20만원 ☺		2024.11.22.
[사무실] [사무실]분당 서현역 사무실 쉐어(바로 사용 가능) ☺		2024.11.15.
[사무실] 압구정역 인근 사무실 및 스튜디오 쉐어합니다 ☺		2024.11.04.

온라인 커뮤니티의 사무실 공유 글

스텝 3 | 계약서 작성 및 규칙 설정하기

데스크쉐어를 할 때는 공유오피스같이 사업자 등록이 불가능하므로 임대인의 주소지 활용 불가와 외부인에게 재대여 금지 등의 조항을 담아 서면 계약 체결을 추천한다. 계약서를 작성해 서로 간의 책임과 의무를 명확히 해두지 않으면 공용 공간 이용 규칙과 월 대관료 지급 방식 등의 분쟁이 발생할 수 있다. 104쪽의 계약서 양식을 활용해 분쟁을 예방하길 바란다.

데스크쉐어는 추가적인 비용 없이 부수입을 창출할 수 있는 좋은 방법이다. 그리고 이런 작은 성과를 쌓으면서 공간을 어떻게 운영할지에 대한 감각을 익힐 수 있다. 스텝 1~3의 과정을 통해 파티룸과 렌탈스튜디오 같은 모임 공간의 시간 단위 판매부터 사업자 대상의 공유오피스 등을 월 단위로 판매할 수 있는 기본기를 쌓을 수 있다.

레벨 0은 건너뛰고 레벨 1부터 시작하면 안 될까?

어떤 선택을 하든 자유다. 다만 레벨 0의 경우 한정된 자원으로 별도의 독립된 공간을 마련하기 어려운 개인이 수익화를 경험하기

전대차 계약서

아래 계약 목적물에 대해 전대인과 전차인은 합의하여 다음과 같이 계약을 한다.

1. [계약 목적물의 표시]

소재지	서울특별시 강남구 OO동 OO오피스텔 OO호 중 OO번 데스크		
구조	철근콘크리트구조	면적	전체 30.98㎡ 중 4.5㎡

2. [계약 내용]

- 전대인과 전차인은 위 계약 목적물의 계약 기간과 이용료에 대해 아래와 같이 합의한다.

항목	내용
계약 기간	2024년 10월 29일~2024년 11월 21일(24일)
이용료	1,500,000원(임대료, 관리비, 청소비, 부가세 포함)/24일 선불
보증금	300,000원

- 전차인은 계약 종료일 1주일 전까지 서면이나 이메일, 문자메시지로 계약 연장 여부 의사를 전대인에게 사전에 통지해야 한다. 통지가 없는 경우 임대차 계약은 자동 종료하는 것으로 한다.

3. [전대 시설]
전대 시설은 업무 용도로 임대하며 전차인은 업무 목적 이외의 용도로 사용 및 전대를 할 수 없다.

4. [미통지에 따른 불이익]
계약 시 기재한 전화번호로 계약 변경 사항 및 중요 사항이 전달되므로 변동 사항이 있을 경우 반드시 전대인에게 통지해야 하며 미통지로 인한 불이익의 책임은 전차인에게 있다.

5. [책임]
전대인은 중대한 과실이 있는 경우에 한해 전차인에게 손해를 배상할 책임이 있으며 그 범위는 전대인이 전차인으로부터 지급받은 보증금을 한도로 한다. 불법행위의 경우에도 지급받은 보증금을 한도로만 책임을 부담한다.

전대인	주소					
	사업자번호		전화		성명	(인)
전차인	주소					
	주민등록번호		전화		성명	(인)

좋은 방법이다. 따라서 레벨 0은 공간대여 창업에 앞서 부업 개념으로 자투리 공간을 활용한 수익화 방법일 뿐, 모두가 의무적으로 할 필요는 없다.

본인이 가지고 있는 자원을 활용해 작은 성취를 이루는 것은 큰 사업으로 나아가기 전 자신감과 주관을 얻는 과정이다. 아울러 큰 자본이 없더라도 가진 자원을 최대한 활용해 수익을 내는 경험을 쌓을 수 있다. 룸메이트를 구해 월세 부담을 줄이거나 사무실 좌석을 공유해 부수입을 창출하는 등의 경험은 비록 작은 성과일 수 있지만 이를 통해 공간대여업의 기본 원리를 이해할 수 있다. 금전적, 시간적 여유가 없는 개인이라면 레벨 0부터 사업화를 시작해보길 추천한다.

7

실전 레벨 1 : 내 집/남의 집으로 월세 받기 (공유숙박, 단기임대)

　　레벨 0의 자투리 공간대여 부업을 거쳤다면 이제는 본격적인 사업화 단계다. 레벨 1에서는 소유하고 있거나 임차 중인 주거 공간을 일 단위, 주 단위, 월 단위로 판매해 월세 이상의 수익을 창출할 수 있는 방법을 알려주겠다. 레벨 1에 속하는 여러 공간대여 업종 중 가장 현실적이고 대중적인 공유숙박과 단기임대를 중심으로 설명했다. 먼저 창업부터 운영까지 단계별 요점을 알아보고 이어서 숙소 공간대여 업종별 구체적인 실천 방법을 살펴보겠다.

숙소 공간대여업 단계별 요점

공유숙박과 단기임대의 장점은 요식업이나 카페 등의 오프라인 타 업종 대비 압도적으로 초기 투자금이 적으며 빠른 수익 창출과 회전이 가능하다는 것이다. 다만 운영자 입장에서 유의할 점 역시 명확하다. 공유숙박과 단기임대는 각 플랫폼의 특성과 관리 방식에 따라 인허가를 받고 운영해야 할 수도 있다. 또한 접근 방식이 비슷해 보이나 실제로는 다른 부분이 많으니 운영자의 환경과 목표에 맞는 업종을 선택하는 것이 중요하다. 가령 서울이나 부산에 단독 주택을 갖고 있는 개인이 기초적인 요건만 충족한다면 손쉽게 '에어비앤비'로 숙소를 판매할 수 있다. 반면에 세입자의 입장이라면 인근 세대 동의나 전대차 허가를 받아야 하는 등 창업 초기 난도가 개인마다 다를 수 있다.

스텝 1 | 숙소 공간대여업 파악하기

공유숙박은 '에어비앤비', 단기임대는 '삼삼엠투'나 '리브애니웨어' 등의 플랫폼을 통해 주거 공간을 임대해 수익화가 가능하다. 이 때 가장 중요한 첫 단계는 본인의 집이 판매에 적합한지 고려하는 것이다. 즉, 구조나 위치, 편의 시설 등을 고려해 어떤 사람이 머물기 적합한지 판단해야 한다.

✔ 공유숙박

관광객 대상의 도시 내 중심지에 있는 주거 공간일수록 인기가 많다. 특히 유명 관광지나 교통이 편리한 곳에 위치해 있다면 메리트는 극대화된다. 단기 숙박 형태로 운영되기 때문에 집 안 인테리어와 청결 관리가 매우 중요하며 하루 이틀 정도 미물더라도 사람들이 그 공간에서 편안함을 느낄 수 있도록 기본 생활용품을 비롯해 침구, 무선 인터넷 등의 제공은 필수다.

✔ 단기임대

단기임대는 공유숙박보다 긴 기간 동안 머무를 사람을 타깃으로 하며 일주일 단위 임대가 가능해 관리 부담이 덜하다. 유학생이나 출장자, 인테리어 공사 의뢰인 등 비교적 긴 기간 머물러야 하는 사람들이기 때문에 세탁기와 주방 사용이 가능한 시설을 갖추는 게 좋다.

공유숙박은 짧은 기간에 높은 매출을 올릴 수 있는 반면에 단기임대는 매출은 상대적으로 낮으나 안정적인 수익 구조를 구축할 수 있다. 다만 공간대여업 입문자라면 관리와 위험 부담이 낮은 단기임대가 더 적합할 수 있다.

스텝 2 | 운영 방식과 수익성 비교 분석하기

공유숙박과 단기임대는 숙소를 임대한다는 공통점이 있지만 운영 방식과 수익성에 분명한 차이가 있다.

✔ 공유숙박

· **운영 방식** : 공유숙박은 예약과 운영을 일 단위로 해야 한다. 따라서 고객의 입실과 퇴실 시간에 맞춰 청소 스케줄을 잡는 일이 빈번하다. 이는 운영자의 시간과 체력을 소모하는 일이므로 본업이 있는 운영자라면 일 단위 관리는 부담이 될 수 있다.

· **수익성** : 공유숙박은 높은 수익을 낼 수 있지만 성수기와 비수기에 따른 변동이 크다. 따라서 이런 위험 부담을 관리할 수 있는 계획이 필요하다.

✔ 단기임대

· **운영 방식** : 단기임대는 주로 일주일 단위로 임대가 이뤄져 비교적 운영이 간편하다. 매일 고객의 입실과 퇴실을 관리하지 않아도 되며 일정한 수익을 유지할 수 있다.

· **수익성** : 공유숙박보다는 상대적으로 수익이 낮지만 그만큼 안정적이며 관리 부담이 덜하다. 일주일 이상 기간 동안 1팀의 고객이 머무는 방식이므로 운영자가 공간 관리에 드는 노력도 그만큼 줄어든다.

공유숙박을 할지 단기임대를 할지 선택 시 중요한 건 운영자의 시간 관리와 라이프 스타일에 맞는 업종을 고르는 것이다. 공유숙박 같은 짧은 주기 임대는 더 많은 관리가 필요하고 그에 비해 단기임대는 상대적으로 관리 부담이 적다.

스텝 3 | 창업 주요 과정 알아보기

두 공간대여 업종의 운영 방식과 수익성 차이를 숙지했다면 운영을 시작하기 위한 구체적인 준비가 필요하다.

✔ 공유숙박

·**공간 준비** : 숙박을 하는 공간이므로 사람이 머물기 적합한 환경 조성과 기본적인 물품을 구비해야 한다. 청결 유지가 가장 중요하

공유숙박 공간별 구비 물품 목록

공간	구비 물품
침실	침대, 베개와 여분의 베갯잇, 침대보와 이불(여분 포함), 간단한 옷장 또는 행거, 옷걸이, 암막 커튼 또는 블라인드
주방	냄비, 프라이팬, 칼 등 기본 조리 도구, 접시, 컵, 포크, 나이프, 수저, 전자레인지, 전기주전자, 냉장고, 커피 머신 또는 커피/티 제공, 휴지통, 분리수거함, 음식물 쓰레기통
욕실	샤워 타월과 손 타월, 드라이어, 샴푸, 린스, 바디 워시, 화장지, 휴지통
공용 공간	무선 인터넷 공유기, 소파, 테이블, 조명, TV와 리모컨
기타	화재 감지기, 소화기, 구급상자, 공간 가이드북(주변 관광지, 교통편, 비상 연락처 등)

며 침구류, 수건, 조리 도구, 드라이어, 무선 인터넷 공유기 등의 물품은 필수로 구비한다. 또한 간단한 조명 교체나 페인트칠만으로도 공간의 분위기를 개선할 수 있다.

·**사진 촬영과 홍보** : 공유숙박은 플랫폼에 등록된 사진이 예약률에 직접적인 영향을 준다. 몇 가지 촬영 팁을 알려주자면 자연광이 풍부한 낮 시간에 촬영하는 것이 좋으며 공간의 매력을 보여줄 수 있는 요소를 강조하면 좋다. 예를 들어 테라스나 넓은 창문 같은 특별한 요소를 강조해 촬영할 수 있다. 아울러 홍보 전략으로는 매력적인 제목과 공간 설명으로 플랫폼 노출(클릭률)을 극대화하고 초기에 후기를 확보해 사람들로 하여금 신뢰도를 높여야 한다.

·**가격 책정** : 지역 경쟁력, 임대 기간, 성수기와 비수기를 고려해 유동적으로 가격을 책정한다. 초기에는 경쟁 업체보다 약간 낮은 가격으로 책정해 예약을 유도하고 이용자 수가 누적될수록 점차 상향 조정한다.

·**법적 절차와 규제 확인** : 공유숙박은 인허가가 필수적인 업종이다. 외국인관광도시민박업, 농어촌민박업, 한옥체험업, '위홈' 오픈호스팅 중 적합한 유형으로 사업자를 등록하면 된다. 만약 불법 영업으로 간주될 경우 과태료 또는 벌금이 부과될 수 있으니 법적 절차를 준수해야 한다.

공유숙박 인허가 유형

유형	특징	운영 조건	운영 팁
외국인관광 도시민박업	- 외국인을 주요 대상으로 한 도시형 숙박업 - 관광지 접근성이 높은 도심 지역에서 주로 운영	- 도시 지역 내 위치 필수 - 주거용 건물에서만 운영 가능 - 사업자 등록과 인허가 필수	- 외국인이 주요 타깃이므로 외국어 응대와 글로벌 예약 플랫폼 활용 능력 필요 - 인허가 과정에서 위치와 시설 기준(방음, 소방 등) 확인 필수
농어촌 민박업	- 농어촌 지역에서 운영하는 숙박업 - 주로 자연 친화적인 경험을 제공하며 로컬 체험 프로그램과 연계 가능	- 사업자가 해당 농어촌 지역의 주민으로, 해당 시·군·구에 6개월 이상 거주 필수 - 주택 면적 230㎡(약 70평) 이하 건물만 허가	- 농어촌 체험 프로그램(전통 음식 만들기, 농사 등)을 추가해 경쟁력 높이기 - 사업자가 실제 해당 지역에 거주해야 하므로 지역 생활에 대한 이해 필수
한옥 체험업	- 전통 한옥 건물에서 운영하는 숙박업 - 한옥 특유의 전통적인 분위기 강조 - 외국인에게 한국 문화 체험 기회 제공	- 한옥 기준 충족 : 〈한옥 등 건축자산의 진흥에 관한 법률〉에 따른 한옥으로, 주요 구조부가 목재로 돼 있고 전통 한식 지붕틀을 갖춘 건축물 한정 - 연면적 제한 : 객실과 편의 시설 등 숙박 체험에 이용되는 공간 연면적이 230㎡ 미만(단, 문화재로 지정된 한옥 등은 예외)	- 현대식 편의 시설(욕실, 난방 등)을 갖추되 전통적인 느낌을 유지하는 리모델링 중요 - 전통문화 체험 프로그램(다도, 한복 등)과 연계해 수익성 극대화
위홈 오픈호스팅	- 국내 기반 숙박 플랫폼 - 외국인뿐 아니라 내국인도 주요 대상 - 에어비앤비와 유사한 운영 방식	- 위홈의 공유숙박 실증특례 호스트 등록 필수 - 서울시 또는 부산시에 위치한 단독주택, 다가구주택, 아파트, 연립주택, 다세대주택 한정	- 에어비앤비와 유사하지만 내국인 고객과 소통이 많은 만큼 지역적 특색을 반영한 서비스 중요 - 국내 숙박 플랫폼이므로 법적 규제를 비교적 쉽게 준수 가능

✔ 단기임대

·**공간 준비** : 단기임대는 비교적 간단하게 공간 준비가 가능하다.

침대, 책상, 의자 그리고 냉장고, 전자레인지 같은 필수 전자 제품과 청소 용품을 갖추면 된다. 또한 오래된 공간이라면 간단한 리모델링으로 매력을 높일 수 있다. 단기임대 공간의 구비 물품 목록은 공유숙박 공간과 크게 다르지 않다. 다만 숙박업이 아니므로 치약, 칫솔을 비롯한 개인 어메니티 제공은 불가하다.

·**사진 촬영과 홍보** : 장기 거주를 염두에 둔 편안하고 실용적인 공간임을 사진으로 강조하면 좋다. 촬영 팁으로는 멋진 뷰나 역세권, 반려동물 동반 가능 등 포인트가 되는 요소가 있다면 최대한 돋보이게 촬영하는 것이다. 또한 사람들이 내부 구조를 한눈에 알 수 있도록 공간 전체가 확인이 가능한 사진도 준비하면 좋다. 홍보 전략으로는 부동산 플랫폼이나 온라인 커뮤니티 등에 사진과 함께 상세한 설명을 추가해 사람들의 관심을 끄는 것이 중요하다. 또한 초기에 고객을 유치하기 위해 할인 프로모션을 제공할 수 있다. N일 이내 입주 시 또는 장기 입주 시 할인을 해주는 프로모션은 생각보다 수요가 크니 적극적으로 활용하길 바란다.

·**가격 책정** : 단기임대는 이용자 입장에서 모텔이나 호텔 등 다른 숙박 공간 대비 낮은 이용료와 편리한 접근성이 강점이다. 가격 책정은 본인이 창업하려는 지역의 일주일 평균 판매가(임대료+관리비+청소비)를 계산해 2주간 판매 시 월세를 차감할 수 있는 가격이면 된다.

·**법적 절차와 규제 확인** : 단기임대는 공유숙박같이 인허가가 필요

한 업종은 아니지만 세입자 입장에서 다른 사람에게 보증금과 월세를 수취하려면 임대인에게 전대차 허가를 받아 임대차 계약서에 특약 사항으로 기재하는 것을 추천한다. 단기임대 역시 불법 영업으로 간주될 경우 과태료 또는 벌금이 부과될 수 있으니 법적 절차를 준수해야 한다.

스텝 4 | 수익 창출과 운영 최적화하기

공간대여업으로 수익을 내려면 단기적인 수익뿐만 아니라 꾸준한 운영을 통해 장기적인 수익 창출이 중요하다. 이를 위해서는 공통적으로 후기 관리, 지속적인 공간 관리, 그리고 가격 책정 조율이 필요하다.

· **후기 관리** : 공간의 긍정적인 후기는 다음 사람이 예약하는 데 큰 영향을 준다. 따라서 고객과 적극적으로 소통하고 적합한 시기에 피드백을 줘야 한다.

· **공간 유지와 관리** : 임대 주기 사이에 충분한 시간을 두고 청소와 정비를 철저히 해야 사람들에게 좋은 인상을 줄 수 있다. 특히 장기 운영을 고려한다면 공간의 유지 보수에 적극적이어야 한다.

· **가격 조정** : 시장 상황과 경쟁 업체의 활동을 관찰해 상황에 맞게 가격을 조정하는 것이 필요하다. 특히 성수기와 비수기의 수익 차이를 최소화하기 위한 전략적 가격 책정이 중요하다. 오른쪽 표

공유숙박과 단기임대 가격 책정 예시

공유숙박	단기임대
- 임차료 : 보증금 1,000만 원, 월세 150만 원 - 평균 판매가 : 성수기 1박 15만 원, 비수기 1박 11만 원, 평균 1박 13만 원 - 월 매출 : 364만 원(1박 13만 원×28박) - 월 비용 : 240만 원(월세 150만 원/청소비 70만 원(1박 2만 5,000원×28박)/기타(소모품비, 관리비 등) 약 20만 원) - 월 순수익 : 124만 원(매출 364만 원-비용 240만 원)	- 임차료 : 보증금 1,000만 원, 월세 80만 원 - 평균 판매가 : 1주 55만 원 - 월 매출 : 220만 원(1주 55만 원×4주) - 월 비용 : 117만 원(월세 80만 원/관리비 20만 원/청소비 12만 원(1회 3만 원×4회)/기타(소모품비, 집기비 등) 약 5만 원) - 월 순수익 : 103만 원(매출 220만원-비용 117만 원)

는 내가 제시하는 공유숙박과 단기임대의 가격 책정 전략이다. 청소비는 운영자가 직접 한다면 비용에서 차감할 수 있다.

스텝 5 | 다음 단계 준비하기

공유숙박과 단기임대를 통해 안정적으로 수익화 경험을 해봤다면 본인의 공간을 복제한 경쟁자가 등장해 치킨 게임으로 번지기 전에 해당 공간을 확장 또는 매각할 것을 추천한다. 더 큰 공간으로 확장하거나 다음 레벨로 나아가는 게 이상적이며 주거 공간 임대업이 적성에 맞는다고 판단되면 최종적으로 코리빙 영역으로 확장을 고려할 수 있다. 하나의 공간에서 다수의 고객을 받아 수익을 극대화하는 것이다. 한참 후의 이야기 같은가? 실력이 쌓이고 경험이 누적되면 자연스럽게 기회가 다가올 테니 미리 준비해야 한다. 실제로 임차료를 지불하지 않고 레지던스 위탁 영업으로 11개 호실을 운영하는 사람의 사례를 내 '유튜브' 채널에서 다룬 바 있다. 본인의 경험이 극대화되는 시기는 생각보다 빠르고 가까이에 있다.

실전 공간대여 창업 - 에어비앤비

공유숙박과 단기임대는 명목상 숙박업이냐 전대업이냐로 구분될 뿐 사실 큰 차이는 없다. 그렇다면 어떤 점이 유사하고 창업 과정에서 어떤 세부적인 차이가 있는지 하나씩 알려주겠다. 일반적으로 공유숙박은 '에어비앤비'로 대표되니 이어지는 내용에서는 에어비앤비에 대해 설명했다.

에어비앤비, 그게 뭔가요?

에어비앤비는 무엇이고, 어떻게 접근해야 할까? 에어비앤비는 전세계 사람들을 대상으로 숙소를 중개하는 플랫폼이다. 2008년 8월 미국에서 설립됐고 개인 방부터 집 전체, 보트, 이글루, 성까지 다양한 공간을 중개한다. 전 세계 사람들을 대상으로 하는 만큼 운영자 입장에서 보면 매력적인 플랫폼일 것이다. 그렇다면 한국에서 에어

비앤비 운영은 추천할 만할까?

에어비앤비의 가장 큰 매력을 꼽자면 고객군일 것이다. 실제로 전 세계 여행과 비즈니스 출장 고객들로 하여금 독점적인 지위를 갖고 있어 '올리면 팔린다'는 말이 나올 정도다. 그렇다면 에어비앤비 매출 목표는 얼마로 세우고 또 어떻게 창업해야 할까? 에어비앤비 숙소 4개를 운영해봤던 운영자로서 창업 프로세스를 비롯해 어떤 사람들에게 추천하는 사업인지 알려주겠다.

에어비앤비, 창업하면 얼마나 벌 수 있나요?

2018년 12월 나는 보증금 500만 원에 관리비 포함 월세 35만 원을 내던 원룸 자취방을 에어비앤비에 등록하고 3주 만에 3개월 치 예약을 받았다. 고정 지출 대비 400% 이상의 매출을 달성했으며 이 경험을 바탕으로 2021년까지 강남에 보증금 1,000만 원에 관리비 포함 월세 각 105~115만 원을 내고 에어비앤비 숙소 3개를 확장해 운영했다.

2025년 현재 우리나라에서는 원룸에서 에어비앤비 운영이 불가능하며 투룸 이상의 외국인관광도시민박업 또는 '위홈' 실증특례 허가 숙소만 판매가 가능하다. 따라서 지금 창업을 한다면 월 고정 지출 대비 100~200%를 기대 수익으로 산정해 소폭 하락한 수입을 예상할 수 있다. 가령 서울에서 투룸, 스리룸의 구옥 빌라에서 보증금 1,000만 원에 관리비 포함 월세 130만 원, 시설비 1,500만 원을 투자했다면 예상 월 순수익은 130~260만 원 사이이다. 그리고 시설비 등 고정 투자금을 회수하기까지 6~12개월 가량 소요될 것이다. 다만 입지나 시설의 수준, 예약 현황에 따라 매출은 변동될 수 있다.

에어비앤비, 이 지역에 창업하면 얼마나 벌 수 있나요?

2024년 10월 기준 서울 강남에 위치한 투룸을 실제 사례로 인용하자면 1박에 평균 10만 원으로 보고 한 달 모두 예약 시 300만 원의 임대료에 청소비 2만 원을 더해 운영자가 손에 쥐는 금액은 약 300만 원으로 예상된다.

요금 세부정보

숙소	₩4,125,000
월 단위 숙박 할인	-₩618,750
청소비	₩20,000
에어비앤비 서비스 수수료	₩535,267
에어비앤비 서비스 수수료 할인	-₩123,419
총 합계 (KRW)	₩3,938,098

서울 강남역 부근 에어비앤비 숙소

　　강남역 사거리의 동일 조건인 투룸 빌라 임대차 시세가 보증금 1,000만 원에 관리비 포함 월세 130만 원 정도이므로 실제 에어비앤비 운영자의 수입은 '300만 원-130만 원-운영비(인력, 잡비 등)=170만 원-α'다. 앞서 언급했던 예상 월 순수익과 크게 다르지 않다. 10%

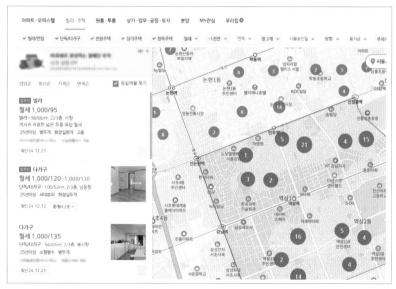

서울 강남역 부근 투룸 임대차 시세(네이버 부동산)

의 공실 발생 시에는 '140만 원-α'로 보면 된다. 즉, 에어비앤비는 하나의 객실에 대해 지출한 월세의 2~3배를 월 매출로 산정하고 실제 월 순수익은 월세만큼 또는 월세의 2배라고 보면 된다. 이와 같은 방식으로 본인이 창업하려는 지역의 월 매출과 월 순수익을 계산해보길 바란다.

에어비앤비, 합법적으로 창업하려면 어떻게 해야 하나요?

그렇다면 에어비앤비에 숙소를 올리는 것만으로 자유롭게 수익화가 가능할까? 에어비앤비는 국가에서 정한 유형으로 창업해야 내국인 또는 외국인 상대로 판매가 가능하다. 외국인관광도시민박업, 농어촌민박업, 한옥체험업, 그리고 '위홈' 오픈호스팅 등이 있다. 이중 서울과 부산 등 도심지에서 합법적으로 판매가 가능한 외국인관광도시민박업과 '위홈' 오픈호스팅에 대해 설명하겠다.

✔ 외국인관광도시민박업

에어비앤비 창업에 있어 가장 큰 영향을 끼치는 것이 외국인관광도시민박업이다. 외국인관광도시민박업의 법적 정의는 "〈국토의 계획 및 이용에 관한 법률〉 제6조 제1호에 따른 도시지역(〈농어촌정비법〉에 따른 농어촌지역 및 준농어촌지역은 제외한다. 이하 이 조에서 같다)의 주민이 자신이 거주하고 있는 다음의 어느 하나에 해당하는 주택을 이용하여 외국인 관광객에게 한국의 가정 문화를 체험할 수 있도록 적합한 시설을 갖추고 숙식 등을 제공(도시지역에서 〈도시재생 활성화 및 지원에 관한 특별법〉 제2조 제6호에 따른 도시재생활성화계획에 따라 같은 조 제9호에 따른 마을 기업이 외국인 관광객에게 우선하여 숙식 등을 제공하면서, 외국인 관광객의 이용에 지장을 주지 아니하는 범위에서 해당 지역을 방문하는 내국인 관광객에게 그 지역의 특성화된 문화를 체험할 수 있도록 숙식 등을 제공하는 것을 포함한다)하는 업"이다. 쉽게 말해 '서울과 부산 지역 투룸 이상의 공간에서 임대인과 인근 세대 동의가 완료돼 외국인에게 공간을 제공하며 한국의 문화 체험을 도와줄 수 있게끔 마련된 사업자'라고 이해하면 된다. 외국인관광도시민박업으로 에어비앤비 사업을 영위하기 위해서는 크게 다음의 3가지 등록 조건을 충족해야 하며 세부적으로는 122쪽 표에 나오는 결격 사유가 없는 경우에 한해 사업자 등록이 가능하다.

- 건물의 연면적이 230㎡ 미만일 것
- 영어, 일본어, 중국어 등 외국어 안내 서비스가 가능한 체제를 갖출 것
- 소화기를 1개 이상 구비하고 객실마다 단독 경보형 감지기와 일산화탄소 경보기를 설치할 것

원룸형 오피스텔과 도시형생활주택은 사업자 발급 자체가 되지 않으므로 단독주택, 다가구주택, 다세대주택에서 운영하고 인접 세

외국인관광도시민박업 에어비앤비 등록 조건

분류		내용
단독주택	단독주택 다가구주택	다음 요건을 모두 갖춘 주택으로서 공동주택에 해당하지 않는 것을 말한다. ① 주택으로 쓰는 층수(지하층은 제외)가 3개 층 이하일 것(다만 1층의 전부 또는 일부를 필로티 구조로 하여 주차장으로 사용하고 나머지 부분을 주택 외의 용도로 사용하는 경우에는 해당 층을 주택의 층수에서 제외) ② 1개 동의 주택으로 사용되는 바닥면적(부설 주차장 면적은 제외하며 이하 동일)의 합계가 660㎡ 이하일 것 ③ 19세대(대지 내 동별 세대수를 합한 세대) 이하가 거주할 수 있을 것
공동주택	아파트	주택으로 사용하는 층수가 5개 층 이상인 주택
	연립주택	주택으로 사용하는 1개 동의 바닥면적 합계가 660㎡를 초과하고 층수가 4개 층 이하인 주택(2개 이상의 동을 지하 주차장으로 연결하는 경우 각각의 동으로 봄)
	다세대주택	주택으로 사용하는 1개 동의 바닥면적 합계가 660㎡ 이하고 층수가 4개 층 이하인 주택(2개 이상의 동을 지하 주차장으로 연결하는 경우 각각의 동으로 봄)

대의 동의를 받아야 한다. 그리고 아파트나 생활형숙박시설* 등에서 운영하려면 지자체와 단지별로 규정된 공동주택관리규약에 의거해 특정 비율의 이웃들에게 동의서를 받아야 한다. 다만 외국인관광도시민박업 사업자를 발급받을 수 있다면 문제 될 것이 없으나 과정의 용이성을 위해서라도 '위홈' 오픈호스팅을 이용하거나 차라리 '삼삼엠투', '리브애니웨어'를 통한 단기임대를 추천한다.

* 숙박용 호텔과 주거형 오피스텔이 합쳐진 개념으로, 호텔식 서비스가 제공되는 숙박 시설이다.

✔ **위홈 오픈호스팅**

'위홈'은 우리나라에서 만든 공유숙박 플랫폼이며 '위홈' 오픈호스팅은 외국인관광도시민박업 사업자가 내국인 영업을 실증특례로서 확장하거나 외국인관광도시민박업 사업자 없이 상대적으로 간편하게 에어비앤비 창업을 할 수 있는 방법 중 하나다. 운영 구조는 124쪽 그림과 같다. 신규 호스트는 '위홈' 플랫폼에서만 내·외국인의 연간 180일 예약이 가능하지만 오픈호스팅을 함께 이용할 경우 '위홈'에서 내국인과 에어비앤비에서 외국인 예약이 가능하다. 반면에 외국인관광도시민박업 사업자는 외국인의 365일 예약이 가능하며 내국인 예약은 불가능하다. 그런데 기존 외국인관광도시민박업 사업자가 오픈호스팅을 함께 이용할 경우 365일 외국인과 연간 180

위홈 오픈호스팅 등록 조건

구분	위홈 신규 호스트	위홈 오픈호스팅	외국인관광 도시민박업	외국인관광 도시민박업 +위홈 오픈호스팅
예약 가능 대상	내국인(위홈), 외국인(위홈)	내국인(위홈), 외국인 (위홈, 에어비앤비)	외국인 (에어비앤비)	내국인(위홈), 외국인 (위홈, 에어비앤비)
예약 가능 기간	연간 180일	내국인 연간 180일, 외국인 365일	365일	내국인 연간 180일, 외국인 365일
허기 요건	위홈 등록	위홈 등록, 에어비앤비 이용	구청 허가	구청 허가, 위홈 등록
수수료	3%	5~7% (위홈 오픈호스팅)	없음	5~7% (위홈 오픈호스팅)

일 내국인 예약이 가능하다. 또한 외국인관광도시민박업 허가를 받은 숙소뿐 아니라 허가를 받지 않은 숙소도 오픈호스팅을 통해 에어비앤비 예약을 받을 수 있다. '위홈'을 통한 에어비앤비 호스팅은 전체 매출의 공동 호스팅 수수료로 7%를 지불해야 하며 외국인관광도시민박업 사업자는 별도의 수수료를 지불하지 않아도 된다.

위홈 오픈호스팅 운영 구조

내·외국인(게스트)

외국인(게스트)

특례 조건 준수
· 공유숙박 실증특례
  통계 보고

운영 통계 파악
(코호스팅)

글로벌 플랫폼
airbnb
Booking.com
agoda

Welcome Home!
wehome

대한민국정부

· 실증특례 지정
· 실증특례 관리
· 예약 정보 파악
  및 정부 보고

· 예약 정보 리포트(코호스팅 및 예약
  정보 다운로드/확인 절차)
· 공유숙박 특례 수수료

공유숙박 실증특례
신규 호스트

내국인의 합법 숙박은 위홈에서만 가능하다는 사항에
대한 혼란 방지
· '내국인 합법 숙박은 위홈' 안내와 특례 번호 명시
· 타 사이트에서는 외국인 예약만 허용

실전 공간대여 창업-단기임대

단기임대, 그게 뭔가요?

내 생각에 단기임대는 공유숙박 창업 노력에 비해 4배는 쉽다. 구청 인허가 과정 없이 플랫폼 등록만으로 대다수 문제가 해결되기 때문이다. '에어비앤비'가 전 세계 사람들을 타깃으로 운영되는 플랫폼이라면 국내 단기임대 플랫폼들은 무보증금 임차, 직장인 숙소, 출장자 숙소, 자가 이사나 인테리어, 유학생 숙소, 한 달 살기 숙소 등의 이유로 내국인에게 선호된다. 수입은 비교적 낮을 수 있으나 시작조차 하지 못할 가능성이 있는 공유숙박보다 사정이 훨씬 낫다.

단기임대 주요 타깃

- 원격 근무자 → 임시 업무 공간 제공
- 출장 근로자 → 단기 출장 근로자 숙소 제공
- 자가 이사 또는 인테리어 공사 → 임시 주거 공간 제공

단기임대는 통상의 임대차 계약과 다르게 짧게는 일주일부터 길게는 3개월까지 간소화된 임대차 계약인 셈이다. 다만 합법적인 운영을 위해 세입자라면 임대인에게 전대차 허가는 꼭 받길 바란다. 대표적인 단기임대 플랫폼으로는 '삼삼엠투'와 '리브애니웨어'가 있다.

단기임대 대표 플랫폼

삼삼엠투	리브애니웨어
- 최소 일주일 단위로 원룸, 투룸, 오피스텔 등을 임대할 수 있는 플랫폼 - 호스트 수수료는 3.3%, 게스트 수수료는 9.9%로 비교적 낮은 편임 - 보증금은 33만 원으로 고정 - 주로 내국인 이용자가 많으며 간편한 비대면 계약 시스템	- 한 달 살기를 위한 전문 플랫폼 - 최소 6박 이상 예약 가능 - 호스트 수수료는 5%, 게스트 수수료는 15% - 보증금과 임대료는 호스트가 직접 설정 - 제주도 등에 관광 목적이 숙수가 많으며 임대차 계약을 통한 거래로서 신뢰성이 높음

단기임대, 왜 추천하나요?

첫 공간대여업으로 단기임대를 추천하는 가장 큰 이유는 크게 3가지다. 위험 부담이 낮고, 회전과 정산이 빠르며, 다음 플랜을 구성하기 용이하기 때문이다. 하루에 수차례 고객을 받는 공유숙박이나 파티룸, 렌탈스튜디오에 비해 단기임대는 한 달에 많으면 4명, 적으면 1명 정도의 고객을 상대한다. 그리고 이렇게 공간대여업 경험치를 쌓으면서 물품 구성이나 고객 서비스, 청소, 마케팅, 객단가 고도화 방법 등을 자연스럽게 체득할 수 있다. 단기임대는 기대 매출이 비교적 낮다는 것 말고는 입문자에게 이상적인 업종이라고 생각한다.

단기임대, 어디서 팔고 누구에게 얼마를 받아야 하나요?

단기임대 공간의 입지 선정은 2장-3에서 언급한 내용대로 접근해도 무방하다. 업무 지역, 관공서 주변, 주택가, 휴양지 등을 꼽을 수 있다. 판매가는 시중에 거래되는 가격, 이를테면 2024년 기준 서울에 있는 원룸형 오피스텔의 경우 일주일 임대 시 '임대료＋관리비 ＋청소비＝40만 원 중반~50만 원 후반'이라는 시세가 형성돼 있으니 너무 높거나 낮게만 판매하지 않으면 손해 볼 일은 없을 것이다. 실제로 나는 공간을 구비하는 중이었음에도 고객으로부터 연락을 받아 계약한 경험이 있다. 그러니 시도 여부를 고민하기보다 판매와 홍보의 영역만 고민해도 충분히 생산적인 결과가 나올 수 있다.

단기임대, 운영에 위험 부담은 없나요?

운영자 입장에서 건물이나 주택을 보유한 임대인이라면 큰 위험 부담 없이 운영이 가능하다. 다만 운영자가 세입자 입장이라면 고려할 점이 몇 가지 있다.

✔ 임대차 계약과 운영

임대차 계약 시 통상 특약 사항으로 '타인에게 전대하지 않는다'는 항목을 기재하지만 단기임대를 하려면 이 항목을 '임차인의 전대에 동의한다' 또는 '임차인이 타인에게 전대하는 것에 동의한다' 등으로 수정해야 한다. 즉, 임대인에게 다른 사람으로부터 보증금과 월세를 취득할 수 있도록 동의를 구하는 게 전대차 허가다.

·**전대차 허가 없이 운영 시** : 전대차 허가 없이 운영하다 임대인이나 제3자가 전대차 사실을 알게 되면 임대차 계약의 해지 사유가 될 수 있다. 이런 일이 발생하면 플랫폼을 통해 해당 공간을 이미 예약한 고객에게 물어줄 위약금부터 부동산 중개 수수료, 임대인의 원상복구 명령, 이미 투입된 시설비 등의 비용이 발생한다. 그뿐 아니라 불법 숙박업소로 오인돼 〈공중위생관리법〉 위반으로 처벌받을 수도 있다. 또한 '에어비앤비' 등의 플랫폼을 통해 판매하지 않았더라도 보건 당국과 경찰의 주거 단지에 대한 정기적인 순회와 정찰 과정에서 영업 행위가 적발되면 개인이 불법 숙박업소가 아님을 증명하는 게 사실상 불가능하다.

·**전대차 허가 받는 법** : 여러분이 임대인, 그러니까 주택을 가진 집주인이라면 가만히 있어도 공실 기간 없이 임대차 계약이 체결되는데 굳이 전대차 허가를 해줄 이유가 있을까? 중요한 건 운영자 본인이 거기서 영업을 할 수 있느냐가 아니라 임대인 입장에서 허가해줄 명분이 있느냐를 고려해야 한다. 공실 기간이 길었던 매물이거나 시세보다 월세를 높게 지불한다면 임대인의 관심을 끌 수 있다.

《오피스텔 투자 바이블》을 출간한 정철민(유튜브 '사다리TV') 저자 인터뷰를 한 적이 있다. 임대인 입장에서 세입자가 전대차 허가를 요청한다면 어떤지에 대한 내용이었고 그의 대답은 다음과 같았다.

"뻔히 내 집을 험하게 쓴다면 전대차 허가를 해줄 수 없지만 기존 월세보다 더 높게 계약할 수 있다면 긍정적으로 생각합니다."

메리트만 충분하다면 임대인에게 전대차 허가를 받는 것은 생각보다 어렵지 않다. 다만 매물을 보기 전 부동산 공인중개사무소에 연락해 '거기 삼삼엠투나 리브애니웨어 가능한가요?' 같은 질문을 한다면 공인중개사 선에서 거절 통보를 받는 경험을 해야 할 것이다. 마음에 드는 단지나 지역이 있다면 날을 잡아 매물을 직접 둘러본 후 계약 직전에 공인중개사에게 '전대차 조항을 추가한다면 바로 계약하겠습니다'라고 요청해보라. 내 경험상 열 번 시도하면 두세 번 허가를 받을 수 있다.

다음 단계 준비

공유숙박과 단기임대 운영 다음 단계는 뭘까? 권리금을 받고 매각한 후 다른 사람의 자본으로 사업을 확장하거나 다음 레벨의 다른 업종으로 새로운 사업을 시작하길 추천한다. 이를테면 레벨 2의 파티룸이나 렌탈스튜디오, 그리고 그 다음 레벨인 공유오피스나 모텔 등으로 전환하는 게 이상적이다.

'막상 운영해보니 집으로 판매하는 건 재미도 없고 매출도 낮아별로다'라는 생각이 든다면 이어지는 단원의 내용을 유의 깊게 보길 바란다. 투입된 자본 대비 운영자의 노력 여하에 따라 매출이 큰 폭으로 변동되기 때문이다. 내 사례를 들자면 VOD 강의 제작에 특화된 렌탈스튜디오를 운영하며 3개월 동안 8,000만 원 이상의 매출을 올렸고, 강남과 논현동 인근 디자인 사무실에 파티룸 대관 목적으로 입주해 누적 100일 동안 약 6,000만 원의 매출을 올렸다.

8

실전 레벨 2 : 사무실/상가로 대관료 받기 (파티룸, 렌탈스튜디오)

이번 단원에서는 사무실이나 상가로 월세 이상의 대관 수입을 만들 수 있는 모임 공간 창업에 대해 살펴보겠다.

모임 공간이란?

대표적인 모임 공간에 속하는 파티룸과 렌탈스튜디오는 운영자가 시간 단위로 공간을 판매하고 홍보해 수익화를 하는 일련의 과정이 동일하며 세부적인 요소에 조금 차이가 있다. 가령 파티룸은 사람들이 모여 즐길 수 있는 공간으로, 렌탈스튜디오는 창작과 촬영을 위한 전문적인 공간으로 활용된다. 따라서 각 공간의 성격에

모임 공간별 공간 특징

파티룸	렌탈스튜디오
- 화려한 인테리어, 편안한 소파, 조명 효과 등을 통해 즐거운 분위기 조성 - 주방이나 BBQ 시설 등을 마련해 고객의 이용 편의성을 높이는 것이 중요	- 전문적인 장비와 배경 구비 - 고품질 사진과 영상 제작을 위한 조명 필수 - 고객이 원하는 촬영 스타일에 맞게 공간을 구성하는 것이 중요

맞는 고객을 타깃으로 해야 수익화가 가능하다.

공유숙박과 단기임대 같은 주거 공간이 필수재라면 파티룸과 렌탈스튜디오는 사치재다. 사람들이 필요에 의해 이용하기보다 즐기거나 특별한 목적으로 이용하는 공간이므로 시즌이나 트렌드에 따라 매출이 크게 변동된다. 따라서 성수기와 비수기의 매출 차이를 줄이고 안정적인 수익을 내기 위해서는 세밀한 전략이 필요하다.

모임 공간을 창업하기 전 가장 먼저 알아야 할 점은 해당 공간의 성격과 사용 목적이다. 파티룸은 주로 생일, 졸업, 각종 기념일 등 특별한 날 사람들이 모여 즐기는 공간이므로 이에 맞춘 인테리어와 분위기가 필요하다. 반면에 렌탈스튜디오는 촬영, 회의, 세미나 등을 위한 공간이므로 기능성과 편리함 등을 강조해야 한다.

모임 공간 창업 방법

방법 1 | 신규 공간 창업하기

신규 공간 창업은 처음부터 콘셉트를 설정하고 운영자 본인만의 색깔을 입혀 창업하는 방법이다. 공간을 구성하는 과정에서 중요한 요소들을 살펴보겠다.

✔ 공간 준비와 디자인

세련된 인테리어와 편안한 가구 배치를 통해 이용자로 하여금 쾌적함을 느낄 수 있게 해야 한다.

✔ 예산 설정

초기 비용이 상대적으로 높기 때문에 예산에 맞춰 필수 요소들부터 준비하는 게 좋다. 턴키 방식으로 인테리어를 전문 업체에 전부 일임할 것인지, 반셀프 방식으로 비용을 절감할 것인지 결정해야 한다.

✔ 필요 장비 구비

프로젝트 장비나 무선 인터넷 공유기, 음향 시스템 등 기본적으로 필요한 장비들을 구비해야 한다. 다만 필수 항목과 선택 항목을 구분하는 눈이 필요하다.

방법 2 | 실패한 공간 인수하기

'아싸점포거래소'나 '네모' 등의 플랫폼에서 전 운영자가 수익화에 실패한 공간을 인수해 창업하는 방법이 있다. 이는 자본 부담을 줄이고 운영 안정성을 빠르게 확보할 수 있다는 장점이 있다.

✔ 실패 원인 분석

먼저 해당 공간이 왜 실패했는지 철저한 분석은 필수다. 입지나 접근성, 주차 공간 부족 등 문제점을 파악하고 이를 개선할 계획을 세워야 한다.

✔ 기존 시설 활용

기존 공간에 남아 있는 시설을 활용할 수 있다면 인테리어와 물품 구비 비용 등 초기 비용을 절감할 수 있다. 절감한 비용으로 마케팅과 홍보에 비교적 여유로운 지출이 가능하다.

✔ 위험 부담 관리

실패한 공간을 인수할 때 동일한 공간대여 업종이 아닌 미용실이나 바 등의 공간을 인수하는 것도 좋은 선택이다. 조금만 손보면 충분히 질 높은 공간을 만들 수 있기 때문이다. 다만 시장 분석과 타깃 설정을 세밀하게 진행하고 이런 작업들을 통해 예상되는 위험 부담을 줄여야 안정적인 수익화가 가능하다.

모임 공간 운영 전략

시장 조사 및 타깃 분석

모임 공간을 창업하려면 시장 조사를 통해 어떤 고객을 타깃으로 할지 정해야 한다. 파티룸의 경우 주로 20대 후반부터 30대 초반의 젊은 층과 그룹 단위 모임 고객이 주를 이룬다. 따라서 SNS 마케팅을 통해 고객 유치를 강화하고 그룹 단위 고객을 겨냥한 이벤트 패키지를 제공할 수 있다. 렌탈스튜디오의 경우 작게는 사진 작가, 유튜버, 크리에이터부터 크게는 기업 고객까지 콘텐츠 제작을 원하는 사람들이 주요 대상이다. 따라서 이들을 겨냥한 프로모션과 패키지 상품을 제공할 수 있다.

운영 전략

모임 공간 창업에 성공하기 위해서는 체계적인 운영 전략이 필요하다. 가격 책정, 마케팅 전략, 운영 효율성을 높이기 위한 방안

등이 있다. 또한 안정적인 수익화를 위해서는 지속적인 운영 전략 수립과 수익 관리가 필요하다. 고객 요구에 맞춘 서비스를 제공하고 공간을 개선해 고객 만족도를 높이는 것이 중요하다.

✔ 가격 책정

고객의 지불 능력과 시세를 고려해 가격을 책정해야 한다. 또한 경쟁 업체와의 비교 분석을 통해 가격을 유동적으로 조정하는 것이 필요하다. 주변 공간의 시세가 시간당 2만 원이라면 초기 시작 단계에서는 동일하거나 조금 낮게 책정하는 게 좋고 확실한 타깃을 설정했다면 가격을 지속적으로 높이는 것을 고려해볼 만하다.

✔ 마케팅 전략 수립

모임 공간을 효과적으로 홍보하려면 초기 마케팅 전략이 중요하다. 파티룸과 렌탈스튜디오는 '스페이스클라우드', '아워플레이스', '쉐어잇' 등의 공간대여 플랫폼을 활용해 고객을 유치하고 SNS를 통해 입소문을 만들어야 한다. 가령 입실 후 SNS 인증이나 포스팅 이벤트에 참여하면 주차권 무료 지급이나 추가 시간 혜택을, 이용 후기를 남기면 다음 이용 시 추가 시간 혜택을 제공할 수 있다. 정액권 개념으로 미리 대금을 결제받고 할인된 가격으로 공간을 이용할 수 있게 하는 방법도 있다. 그리고 '인스타그램'과 '페이스북',

'구글' 마이비즈니스에 공간 사진과 후기를 게재해 온라인 홍보를 강화한다.

✔ 운영 효율성 확보

운영의 효율성을 높이려면 고객 예약 관리 시스템을 만드는 것이 좋다. 시스템이라고 해서 결코 거창한 것이 아니다. 나는 '카카오톡' 톡캘린더 기능을 이용해 운영자와 고객 모두에게 스케줄 통보를 한다. 그 외 '구글'이나 '네이버', '다음', '애플'에서 제공하는 스케줄

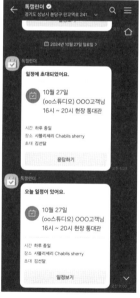

카카오톡 톡캘린더 이용 예시

관리 기능도 있으니 본인이 사용하기 편한 것이면 된다.

✔ 고객 관리

고객 후기와 피드백을 통해 지속적인 운영 방식과 서비스 품질 개선은 필수다. 가령 고객이 이용을 완료한 후 설문을 통해 피드백을 받을 수 있다. 정기적으로 공간을 이용하는 고객에게는 할인 혜택이나 추가 서비스를 제공해 충성도를 높이고 장기 고객으로 만드는 전략이 필요하다.

수익화 전략

창업 초기에는 경쟁력 있는 가격을 책정해 고객 유입을 극대화하고 이후 충분한 후기가 쌓이면 점진적으로 가격을 인상하는 게 효과적이다. 아울러 고객이 만족할 수 있는 환경을 유지하고 재방문율을 높이기 위한 혜택을 제공해 장기적인 수익성을 확보해야 한다.

✔ 목표 수익 설정

예상 수익을 산출해 월간 목표를 세우고 이에 맞춰 운영 전략을 조정한다. 예를 들어 시간당 이용 요금을 3만 원으로 책정하고 6시간씩 한 달 동안 25일을 운영한다면 월 450만 원의 매출을 기대할 수 있다.

✔ 유연한 가격 책정

파티룸과 렌탈스튜디오는 시간 단위로 요금을 책정하며 주중과 주말, 낮과 밤에 따라 가격을 유동적으로 조정할 수 있다. 하루를 두 타임으로 나눠 각각 5만 원과 10만 원의 패키지 가격을 적용하는 방법도 있다.

파티룸과 렌탈스튜디오는 적절한 콘셉트와 타깃 설정, 효율적인 운영 시스템을 구축한다면 충분히 성과를 낼 수 있다. 앞선 가이드에 따라 철저한 준비와 실행을 하면 고객에게 독창적인 경험을 제공하면서 안정적인 수익을 창출할 수 있다.

다음 단계 준비

파티룸이나 렌탈스튜디오 같은 모임 공간 운영 경험과 수익 구조에 대한 이해를 쌓았다면 다음은 더 큰 그림을 그려볼 단계다. 작은 공간에서 시작해 안정적으로 운영해본 경험을 토대로 시장 흐름을 파악하고 규모를 키울 기회를 적극적으로 탐색할 필요가 있다. 가령 모임 공간 운영 경험을 바탕으로 보다 전문적이고 고급화된 공유오피스 창업으로 확장할 수 있다.

모임 공간에서 공유오피스 창업으로 확장하는 과정은 단순히 공간 크기를 키우는 것을 넘어 다수의 세입자를 관리하며 수익을 극대화할 수 있다는 점에서 새로운 성장 가능성이 있다. 공유오피스는 단기임대나 모임 공간보다 높은 고객 충성도를 기대할 수 있고 사무실이나 상업 지구에서 지속적인 수익 흐름을 만들어낼 수 있다.

너무 먼 이야기 같은가? 노하우가 쌓이고 수익 구조가 안정화되면 다음 단계로 나아가는 건 자연스러운 흐름이다. 지금의 경험이 쌓여 더 큰 사업 기회로 연결될 수 있다.

9

마케팅 전략 :
광고비는 줄이고
매출은 오르는 비법

레벨 0부터 레벨 2까지 난도별로 공간대여업 창업 방법을 전달했다. 공간대여 입문자가 현실적으로 접근 가능한 운영 형태는 레벨 0~2며 레벨 3의 공유오피스, 스터디카페, 고시원, 모텔 등은 더 큰 자본과 운영 전문성이 요구돼 책에서 세부적인 언급은 하지 않았다. 그렇다면 지금까지 내용을 바탕으로 당장 월 500만 원의 매출이나 월 300만 원의 순수익을 만들 수 있겠는가? 2장-5에서 언급했듯이 하루 18만 원씩 한 달에 28일을 판매하거나 시간당 2만 8,000원씩 한 달에 180시간을 판매하면 충분히 가능하다. 공간을 운영하면서 시간이 지날수록 이런 성과는 달성하기 쉬울 것이다. 다만 초보 창업자에게는 분명 어려운 미션이므로 현실적으로 지금 당장 실천할 수 있는 마케팅 방법을 알려주겠다.

내 공간 차별화하기

초보 창업자가 월 500만 원 매출 또는 월 300만 원 순수익을 만들고자 실천할 수 있는 가장 효율적인 방법은 무엇일까? 바로 차별화다. 내가 경험한 여러 차별화 방법 중 초보 창업자가 바로 실행할 수 있는 것은 경험 기반 소셜링, 즉 해당 공간에서 운영자가 직접 모임을 갖는 것이다. 이것이 첫 달부터 매출을 극대화할 수 있는 가장 효율적인 방법이라고 생각한다. '네이버' 블로그, '유튜브', '인스타그램' 등 본인의 SNS가 있다면 공지 글 작성만으로도 사람들을 모집할 수 있다. 개인 SNS가 없다면 모임에 최적화된 플랫폼에 입점해 모임에서 공유할 경험을 등록하고 판매하면 된다. 트래픽(SNS)이 있는 곳은 모두 광고판이며 사람이 있는 장소는 모두 커뮤니티임을 기억하길 바란다.

점진적인 가격 높이기

공간대여업을 하다 보면 누구나 본인의 공간을 더 비싸게, 효율적으로 판매하고 싶다. 하지만 가격을 올리는 것만으로는 수익을 극대화하기 어렵다. 중요한 것은 판매를 위해 정확한 전략을 세우고 사람들이 그 가격에 맞는 가치를 느낄 수 있도록 만들어주는 것이다. 공간을 이용하는 이용자 수를 줄이면서 비싸게 판매할 수 있는 방법을 알려주겠다.

패키지를 판매해 반자동화를 구축하라

운영하는 공간이 파티룸이나 렌탈스튜디오같이 하루에도 수차례 거래가 이뤄지는 공간이라면 패키지 단위로 판매하길 추천한다. 공간을 빌려주는 것에서 그치지 않고 사람들이 필요로 하는 서비스를 하나의 패키지로 묶어 제공하면 더 높은 가치를 부여할 수 있다.

나는 VOD 강의 촬영에 특화된 렌탈스튜디오를 운영하면서 촬영 현장 보조와 편집 서비스를 제공해 1시간 대관료 4만 4,000원으로 시작해 120만 원짜리 영상 제작 통합 패키지를 판매해본 경험이 있다. 사람들이 공간을 이용할 때 필요한 것이 장소만이 아님을 알고 이를 수익과 직결시킨 것이다.

개별적으로 준비해야 할 요소들을 패키지로 제공하면 이용자 입장에서는 시간과 노력을 절약할 수 있어 비교적 높은 가격에 판매해도 충분히 구매까지 이어질 수 있다. 이 내용을 실제로 적용한 내 수강생 사례를 공유하겠다. 서울 압구정에 위치한 '샤블리셰리'다. 기본 대관부터 음료 포함 패키지, 모임 구성 지원 패키지까지 초보 창업자가 참고하기 이상적인 사례다.

- 기본 패키지 : 공간 대여+간단한 장식

- 프리미엄 패키지 : 공간 대여+간단한 장식+음료+파티 조명과 음악 장비

- 럭셔리 패키지 : 공간 대여+게스트 서포트(식음료, 케이터링, 촬영 지원 등)

　패키지를 구성하면 공간을 비싸게 판매할 수 있을 뿐 아니라 사업의 반자동화를 구축할 수 있다. 운영자가 매번 세부 사항을 조정할 필요 없이 일정한 서비스를 패키지를 통해 자동으로 제공할 수 있어 운영 효율성이 크게 증가한다. 가령 하루에 5팀을 받고 시간당 2만 원씩 총 10시간을 판매하는 것과 24시간 이용을 희망하는 1팀에게 패키지로 판매하는 것, 둘 중 어느 것이 편하고 쉬운 수익화 방법일까? 패키지는 안정적이면서 장기적으로 공간대여업을 운영하기 위한 중요한 전략이다.

샤블리세리 공간(왼쪽)과 예약 안내(오른쪽)

고정 고객 확보 후 점진적으로 인상하라

사업이 궤도에 올랐다면 운영하는 공간의 가격을 점진적으로 인상하는 것도 중요한 전략이다. 하지만 처음부터 높은 가격을 책정하면 고객을 유치하기 어렵다. 따라서 고정적인 이용자 수 확보 후 점차 가격을 인상하는 방식이 효과적이다.

✔ 단계별 가격 전략

·**초기** : 사업 초기에는 좋은 고객 후기와 평판을 쌓는 것이 중요하다. 가격을 경쟁력 있게 낮추고 다양한 이벤트나 할인 혜택을 제공해 고객을 유치한다. 이를 통해 충성 고객을 확보하고 초기 운영의 매출 기반을 다진다.

·**중기** : 좋은 고객 후기와 고정적인 이용자 수가 어느 정도 확보되면 가격을 점진적으로 인상한다. 사람들은 이미 좋은 후기와 평판을 보고 예약하기 때문에 다소 높은 가격에도 선택할 가능성이 높다.

·**최종** : 충분한 수요를 확보하고 일정한 예약률을 유지하면 최종적으로 가격을 프리미엄화할 수 있다. 객단가를 높이되 추가적인 서비스를 통해 가격에 걸맞은 가치를 제공하는 것이다. 이때는 패키지 판매가 도움이 될 수 있다.

고객 피드백을 적극적으로 수용하라

공간대여 고객은 크게 3분류로 나눌 수 있다. 지속적인 재방문으로 고정적인 매출을 채워주는 고객, 운영자가 궁금해하는 피드백을 실시간으로 전달해주는 고객, 같은 언어를 사용하지만 대화가 통하지 않는 고객이다.

첫 번째 고객에게는 무리하게 후기를 요청하거나 잦은 접촉을 시도하면 오히려 다른 경쟁 업체를 이용할 수 있다. 따라서 운영자가 먼저 나서서 연락할 필요가 없다.

두 번째 고객은 운영자 입장에서 번거롭게 느껴질 수도 있지만 가장 감사한 고객이다. 시설 노후화 점검, 자발적인 피드백, SNS 후기 발행 등 운영자에게 직접적으로 도움을 주는 고객이다. 이런 고객에게는 새로운 패키지나 정기적으로 이용 시 할인이 가능하다는 정보를 전달해주는 것만으로도 서로에게 이상적인 상호작용을 할 수 있다.

마지막 고객은 문제만 해결해준다면 가장 큰 충성 고객이 될 수 있다. 보통 터무니없는 요구나 납득하기 힘든 클레임을 하는데, 대체로 이성적인 판단보다 감성적인 호소를 하는 경우가 많다. 가령 '아이들이 놀기에는 공간이 너무 덥네요' 같은 요구 사항이 있다면 '언제까지 문제를 해결해줄 수 있으니 부담없이 다음 방문을 기다리겠다' 정도로 응대하면 만족도 높은 충성 고객이 될 수도 있다.

공간을 비싸게 판매하는 핵심은 고객이 더 높은 가치를 느끼게 만드는 것이다. 감정적 공감부터 요구 사항을 적극 수용해주는 것까지 모든 행위가 해당된다. 단순히 공간을 빌려주는 것에서 끝나지 않고 고객이 원하는 서비스를 패키지로 제공하고 사람 대 사람으로 상호작용이 가능한 관계가 돼야 공간대여업의 큰 무기가 될 수 있다.

효율 좋은 온라인 마케팅 활용하기

공간을 높은 값에 팔기 위해서는 가격을 올리는 전략도 중요하지만 마케팅을 통해 사람들에게 공간의 가치를 알리고 신뢰감을 줄 수 있는 포트폴리오(후기)를 적립시켜야 한다. 즉, 온라인에서 공간의 가치를 극대화시키는 노력이 필요하다. 돈을 들이지 않고 무료로 가능한 마케팅 방법과 적은 돈으로 큰 효과를 낼 수 있는 효율적인 마케팅 방법을 알려주겠다.

온라인 마케팅 루틴 만들기

먼저 운영자 본인의 SNS 계정을 만들어 활용하는 방법이다. 운영자의 목적은 SNS 스타가 되는 것이 아니다. 따라서 온라인에 공간대여업을 시작하게 된 배경부터 실제 이용 후기 등을 올리는 것만으로도 충분하다. 공간 판매와 홍보에 영향을 줄 수 있는 핵심 내용을 파악하고 그것을 공유하면 된다. 다음의 온라인 마케팅 방법을 마치 일상의 루틴처럼 본인의 몸에 체득시키길 바란다. 이런 활동이 쌓이고 쌓여 돈을 들이지 않고도 공간을 홍보할 수 있는 좋은 수단이 된다.

① 공간 관련 활동 내역을 SNS에 기록하기(창업 과정, 시설 구비 과정, 매체 노출 소식 등)
② 예상 고객에 맞춰 후기 모으기(체험단, 기자단 등 진행)
③ 고객 후기를 포트폴리오 삼아 다른 공간과 대비되는 가치 만들기
④ ③번에서 만든 가치를 광고 또는 고가 정책으로 전환하기

네이버 블로그 체험단 마케팅 활용하기

본인만의 온라인 마케팅 루틴을 만들었다면 이제 다음 단계를 진행해야 한다. 공간대여업 초기에는 적은 비용으로 실행할 수 있는 효율적인 마케팅 전략이 필요한데, '네이버' 블로그 체험단이 바로 그것이다. 체험단은 블로거가 공간을 직접 체험하고 후기를 작성함으로써 신뢰도 높은 홍보 효과를 얻을 수 있다. 지역 기반 블로거나 특정 분야에 특화된 블로거를 선정하는 것이 좋다. 또한 체험

단 후기는 장기적인 검색 노출을 통해 지속적인 홍보 효과를 낸다.

그렇다면 블로그 체험단은 어떻게 모집할까? 먼저 '정상적인 마케팅 업체는 먼저 연락을 하지 않는다'는 것을 기억하자. 실력 있는 업체라면 이제 막 플랫폼에 입점한 여러분에게 먼저 연락을 줄 이유가 있을까? 기존 고객 관리와 스스로 찾아오는 새 고객으로 인해 눈코 뜰 새 없이 바쁠 것이므로 연락할 이유가 없다. 검증되지 않은 마케팅 업체에 당하지 말고 내가 직접 경험해본 2곳을 알려주겠다. '레뷰'와 '리뷰노트'다.

'레뷰'는 수많은 체험단 플랫폼 중 가장 직관적이고 품질과 사후 처리가 깔끔하다. 금액대는 높은 편이다. '리뷰노트'는 자영업자를 위한 플랫폼인 만큼 최초 3회까지 플랫폼에서 무료로 체험단 유치가 가능하고 조건부 미션을 수행하면 또 3회 무료 체험단 유치가 가능하다.

유튜브 인플루언서 마케팅 활용하기

만약 마케팅에 큰 비용을 투자하기로 마음먹었다면 '유튜브' 인플루언서 마케팅을 추천한다. 체험단이 글과 사진으로 사람들에게 호소하는 마케팅이라면 유튜버는 영상을 통해 사람들에게 보다 생동감 있고 객관적인 정보를 제공할 뿐 아니라 그들의 팬에게도 어필할 수 있다. 아울러 영상이 트렌드에 따라 지속적으로 노출되기 때문에 사람들의 관심을 꾸준히 끌 수 있다. 유튜버의 실제 공간 사용 장면이나 후기 영상을 통해 사람들로 하여금 공간 사용법을 이해하고 예약에 대한 확신을 갖게 만든다.

체험단을 통해 글과 사진으로 공간에 대한 신뢰를 쌓고 유튜버를 통해 실제 고객을 확보하는 게 가장 이상적인 마케팅이다. 진솔한 후기와 생생한 시각적 콘텐츠를 통해 공간의 매력을 극대화할 수 있다.

네이버 블로그 체험단과 유튜브 인플루언서 직접 섭외하기

부동산 공인중개사를 통해 매물을 찾는 것처럼 동일하게 접근하면 된다. 다만 유튜버별 맞춤 문구를 작성하고 하루 50명 이상에게 제안하는 것은 물리적, 현실적으로 부담이 크기 때문에 나는 챗GPT를 통해 제안 이메일을 발송한다. 본인이 어떤 업체를 운영하고 있고 무엇을 제공할 수 있는지 대화식으로 입력해놓는 것만으로도 오른쪽과 같은 결과물이 생성된다.

챗GPT를 통해 단순한 반복 작업을 자동화할 뿐 아니라 블로거나 유튜버 소개나 그들의 콘텐츠를 학습시키면 보다 자세한 제안이 가능하다. 비서를 두는 것처럼 챗GPT를 적극적으로 활용하는 것을 추천한다.

내가 동업자와 함께 운영하는 '샤블리셰리' 공간에 대해 기억하고 있어?

네, '샤블리셰리' 공간에 대해 기억하고 있어요.
어떤 점을 이야기하고 싶으신가요?

유튜버들에게 내 공간을 제공하고 후기를 받고 싶어. 공간을 하루 정도 이용할 수 있게끔 제공해볼까 해. 유튜버가 내 공간을 이용하고 후기를 받을 수 있는 제안서를 생성해줄래?

안녕하세요 [유튜버님의 이름]님
저는 샤블리셰리 공간을 운영하고 있는 [성함]입니다. [유튜버님의 채널 이름] 채널에서 공간 관련 다양한 리뷰와 투어 영상을 보고 큰 인상을 받았으며 저희 공간을 체험해보실 기회를 드리고자 연락 드립니다.
샤블리셰리는 모임, 촬영, 그리고 다양한 이벤트에 최적화된 공간으로, 많은 분이 이용하시는 사랑받는 장소입니다. 저희는 이 공간을 [유튜버님의 이름]님의 구독자 분들에게 자연스럽게 소개하고자 하며 [유튜버님의 이름]님의 스타일로 멋진 투어 영상이나 리뷰를 남겨주시면 좋겠습니다.
샤블리셰리 공간을 하루 동안 자유롭게 이용하실 수 있도록 제공해드리며 공간을 체험하고 솔직한 후기를 남겨주시면 감사하겠습니다. 체험은 완전하게 무료로 제공되며 촬영에 필요한 편의도 최대한 지원해드리겠습니다.
관심 있다면 가능하신 일정과 함께 회신 부탁드립니다. 함께 좋은 콘텐츠를 만들어나갈 수 있기를 기대합니다!
감사합니다.

[성함]
샤블리셰리 운영자

실전 수익화 공식 : 조회 수×1%⇒매출

'네이버' 블로그 체험단과 '유튜브' 인플루언서를 통해 발생한 게시물(글 또는 영상) 조회 수는 매출로 이어질 수 있는 중요한 요소다. 게시물을 조회한 사람 중 약 1%가 실제 예약으로 이어지며 이는 초보 창업자가 설정할 수 있는 가장 현실적인 목표다.

1%라는 수치는 통계적인 평균이다. 이 수치는 업종, 타깃 고객, 마케팅 전략에 따라 달라질 수 있지만 초기 목표로 삼기에는 적합한 수치다. 이를 통해 마케팅 활동의 효과를 평가하고 더 큰 매출을 기대할 수 있는 기반을 마련할 수 있다.

조회 수×1%×객단가=매출

예를 들어 파티룸 같은 모임 공간을 운영하며 한 달에 300만 원의 매출을 올린다고 가정해보자. 이 매출을 달성하려면 한 달 기준 시간당 2만 원에 하루 6시간씩 25일 동안 판매해야 한다. 이를 위해 하루 게시물 조회 수 100이 필요하다고 가정하면 한 달 동안 조회 수 2,500 이상을 달성하면 목표한 매출에 도달할 수 있다. 이는 조회 수와 예약 전환율의 관계를 통해 매출을 계획하고 실행하는 데 중요한 기준이다.

체험단과 유튜버를 통해 발생한 조회 수를 매출로 전환하려면 조회에 그치지 않고 사람들의 행동을 유도하는 전략이 필요하다.

✔ 예약 링크 배치

체험단 후기 글 사이나 영상 설명란에 예약 링크를 삽입해 사람들이 예약할 수 있도록 유도하고 경로를 제공한다. 예약 페이지는 모바일 친화적이고 쉽게 완료할 수 있도록 구성해야 한다. 아울러 영상 끝부분에 '지금 예약하기→링크 클릭!' 같은 명확한 행동 유도 버튼이나 문구(CTA)를 추가하면 좋다.

✔ 프로모션 제공

체험단 후기나 영상을 보고 방문한 사람에게는 특별 할인 코드나 쿠폰을 제공해 예약 전환을 촉진한다.

'조회 수×1%×객단가=매출'이라는 공식은 공간대여업 초기에 수익을 예측하고 계획하는 데 중요한 기준이 된다. 조회 수를 매출로 연결하기 위해서는 사람들의 신뢰를 얻고 예약하기 쉽게 만들며 후기와 추천 시스템을 활용하는 등의 전략을 적극적으로 활용해야 한다.

브랜드가 높은 매출을 만든다

공간대여업의 성공을 위해 가장 중요한 요소 중 하나는 명확한 브랜드 구축이다. 공간의 차별화된 콘셉트와 테마를 명확히 설정하고 사람들에게 매력적으로 보일 수 있는 스토리를 만들어야 한다. 초기에는 개인 고객을 타깃으로 하여 운영 기반을 다지고 점차 그룹 고객 중심으로 확장하면서 높은 수익을 추구하는 전략이 필요하다. 이는 고객의 니즈를 세분화하고 각 고객 유형에 맞는 서비스를 제공함으로써 가능하다.

초기 브랜딩 단계

초기에는 개인 고객을 중심으로 브랜드를 알리고 신뢰를 구축하는 것이 목표다. 개인 고객 비율 87%, 그룹 고객 비율 13%가 적절하다. 개인 고객은 초기 브랜드의 체험자 역할을 하며 긍정적인 후기와 피드백을 통해 브랜드 이미지 형성에 기여한다.

최종 브랜딩 단계

초기 단계에서 얻은 신뢰와 브랜드 이미지를 바탕으로 그룹 고객 비중을 확대한다. 개인 고객 비율 13%, 그룹 고객 비율 87%가 적절하다. 그룹 고객은 높은 대관료 지불과 추가 서비스를 이용할 가능성이 높아 수익성이 훨씬 크다. 개인 고객 기반으로 축적된 브랜드 경험을 활용해 그룹 고객을 타깃으로 안정적인 매출과 성장 구조를 구축해야 한다.

최종 브랜딩을 위한 핵심 요소

첫 번째는 브랜드 일관성 유지다. 공간의 콘셉트를 일관되게 유지하면서 개인 고객과 그룹 고객 모두에게 매력적인 테마를 제공한다. 두 번째는 서비스 품질 강화다. 초기 개인 고객의 니즈를 충족한 후 그룹 고객을 대상으로 고급화된 서비스를 제공해 만족도를 높인다. 세 번째는 효율적인 운영이다. 개인과 그룹 고객 간의 비율을 조정하며 시간대와 요일별로 고객 세분화 전략을 도입한다.

10

엑시트 : 이상적인
공간대여 사업 전략

나는 공간대여업의 궁극적인 목표는 매각이라고 생각한다. 공간을 키우고 가치를 극대화한 후 적절한 시점에 권리금을 받고 매각하는 것이다. 영원히 확장되는 사업은 없기에 꾸준히 공간의 가치를 높인 후 엑시트를 준비하는 것이 이상적이다.

매각을 염두에 둔 사업 설계

공간 창업 - 고객 확보 - 포트폴리오 구축 - 가격 인상 - 공간 매각

권리금은 공간대여업의 성과를 회수하는 중요한 방식이다. 공간을 지속적으로 개선하고 브랜드를 확립하며 수익 구조를 안정화하면 매각 시보다 높은 평가를 받을 수 있다. 이는 단기적인 매출보다 장기적인 자산 가치를 키우는 접근이다. 따라서 공간에 대한 매력을 증대시켜야 한다. 사람들이 해당 공간에서 특별한 경험을 할 수 있도록 콘텐츠와 서비스를 강화하고 이를 통해 가치를 자연스럽게 높이는 것이 중요하다.

많은 사업가가 사업을 확장하는 데 집중하지만 무한한 확장은 불가능하다. 사업의 핵심은 얼마나 효율적으로 최적화할 수 있는지에 있다. 공간대여업에서도 새로운 공간을 계속 추가하기보다 기존 공간을 얼마나 가치 있게 유지하고 발전시킬 수 있는지가 중요하다. 사람들이 공간에서 느끼는 가치를 극대화하고 이것을 권리금으로 회수할 수 있는 구조를 만들어야 한다.

매각 준비는 어느 날 갑작스럽게 이뤄지는 것이 아니다. 사업 시작 처음부터 매각을 염두에 두고 공간을 설계하고 운영해야 한다. 이를 위해서는 지속적인 공간 개선, 후기 관리, 브랜드 강화가 필수다. 예를 들어 공간 인테리어와 편의 시설을 개선하고, 고객 피드백을 반영해 공간의 질을 높이며, 이런 개선 과정을 고객에게 알리는 것 모두 권리금을 높이는 데 기여한다. 이런 방식으로 매각을 준비한다면 매출 상승을 넘어 공간의 가치를 최대로 끌어올릴 수 있다.

더불어 매각을 준비하는 과정에서 잠재 구매자에게 공간의 매력을 어필할 수 있는 자료들을 미리 체계적으로 정리해두면 좋다. 운영 성과, 매출 데이터, 고객 후기, 브랜드 이미지 등을 정리해 신뢰를 줄 수 있어야 한다. 이런 자료는 공간의 가치와 성장 가능성을 보여주는 중요한 지표다.

결국 공간대여업의 궁극적인 목표는 지속 가능한 수익 구조를 만들고 공간의 가치를 최대한 높여 적절한 시점에 매각을 통해 사업 성과를 확실하게 회수하는 것이다.

임차인이 아니라 임대인이 돼야 한다

공간대여업에서 임차인, 즉 세입자 입장에서는 사업이 아무리 안정적으로 운영돼도 얻을 수 있는 수익에는 한계가 있다. 임차인은 건물주에게 임차료를 지불하면서 사업을 운영해야 하므로 매출에서 임차료를 제외해야 한다.

임차한 공간에서 공간대여업을 하는 운영자는 공간의 수명이 다해갈수록 더 이상 수익 구조를 유지할 수 없다. 예를 들어 한 달에 200만 원의 대관 수입이 발생하고 그중 100만 원을 월세로 지출하면 결국 남는 순수익은 100만 원에 불과하다. 여기에 운영 비용과 마케팅 비용까지 지출하고 나면 실제로 남는 금액은 더 줄어든다.

결국 임차인으로서의 사업은 매달 어느 정도 일정한 수입을 기대할 수는 있지만 장기적인 자산 축적에는 큰 도움이 되지 않는다.

임차인은 공간을 오랫동안 운영해오면서 얻은 노하우와 고객 기반에도 불구하고 임대차 계약 만료 시 권리금을 제외한 다른 자산 가치를 얻기 어렵다. 권리금은 해당 지역의 상권과 인프라에 따라 결정되기 때문에 상황에 따라 높게 책정될 수도 있지만 어디까지나 단발성 수입이다. 또한 권리금은 임대인의 협조나 상권 변동에 따라 영향을 받기 때문에 효율적인 자산 증식 방법으로 보기 어렵다.

임차인으로서의 한계를 극복하기 위한 방법은 결국 임대인이 되는 것이다. 임대인은 공간을 소유한 채 대관업을 하기 때문에 매달 고정 지출인 임차료가 발생하지 않는다. 또한 공간 운영이 종료되더라도 그 부동산의 자산 가치는 계속해서 남아 있다.

상업용 부동산의 경우 장기적으로 시세 차익을 기대할 수 있다. 상업용은 주거용 부동산보다 대개 빠른 속도로 가격이 상승하며 이는 장기적인 자산 증식의 중요한 요소다. 예를 들어 한 상가 건물을 매입해 5년간 공간대여업을 한 후 해당 지역의 개발 이슈로 부동산 가격이 30% 상승했다면 추가적인 자산 증식이 가능하다. 즉, 임대인이 되면 공간 운영 수익뿐만 아니라 부동산의 가치 상승에 따른 시세 차익도 얻을 수 있다.

그렇다면 어떻게 임대인이 될 수 있을까? 상업용 부동산은 필수재보다 사치재에 가깝다. 실거주가 불가능할 뿐 아니라 초기 자본이 많이 들어가기 때문에 사람들이 접근하기 어려워하는 경향이 있다. 그렇기 때문에 임차인으로서 본인이 검증한 인근 지역의 경매나 급매 물건을 매입해 투입 자본을 절약할 수 있다. 경매는 시세보다 저렴한 가격으로 부동산을 소유할 수 있는 좋은 방법이며, 급매는 소유자가 빠른 거래를 원하기 때문에 시세보다 낮은 가격에 부동산을 매입할 수 있는 기회다.

상업용 부동산의 시세 차익은 주거용 부동산과 비교했을 때 높은 수익을 기대할 수 있다. 특히 도심지 상업 지구의 상가는 상권 활성화와 인프라 확장에 따라 급격한 가격 상승이 일어날 수 있으며 이로 인해 시세 차익이 더욱 두드러진다.

가령 서울 강남은 상업과 주거가 혼합된 지역으로, 부동산 가치가 빠르게 상승해온 대표적인 곳이다. 이 지역의 상가는 임대 수익 외에도 상권 확장에 따른 시세 차익을 기대할 수 있다. 또한 신도시

상업용 부동산의 경매와 급매

경매 부동산	급매 부동산
- 시세 대비 저렴한 가격에 매입 가능 - 상업용 부동산 경매는 주거용 부동산보다 경쟁이 덜하고 상대적으로 유리한 조건으로 매입 가능 - 매입 절차가 비교적 빠르고 명확하게 진행되므로 시간적인 이점이 있음	- 소유자의 자금 사정 등으로 신속히 매도해야 하는 상황에서 매매가 이뤄지므로 시세보다 저렴한 가격에 매입 가능 - 일반 거래에 비해 빠른 속도로 진행될 수 있음

개발 지역은 초기에는 다소 위험한 투자처로 인식될 수 있지만 장기적인 관점에서 높은 시세 차익을 기대할 수 있다. 예를 들어 서울 외곽의 신도시 개발 지역에 있는 상가를 경매로 매입한 후 해당 지역의 개발이 완료되면서 상가의 가치가 상승할 수 있다.

공간대여 사업가는 임대인이 되기 위해 장기적인 관점을 가져야 한다. 단발적인 대관 수입뿐 아니라 스스로 검증했던 판매 호응도에 기반해 부동산을 매입하는 것이 좋다.

공간대여 플랫폼의 종류

공간대여 플랫폼은 공간 제공자와 이용자 간의 연결을 지원하는 서비스다. 제공자는 공간을 효율적으로 활용해 새로운 수익을 창출할 수 있고 이용자는 목적에 맞는 공간을 쉽고 빠르게 찾을 수 있다. 플랫폼을 통해 개인이나 기업이 소유한 공간을 단기 또는 중장기로 대여할 수 있다.

단기임대 대표 플랫폼

삼삼엠투(33m2.co.kr)

주거 공간 단기임대 플랫폼이다. 이사나 인테리어 공사, 출장 등의 이유로 일주일 이상 머무를 장소를 중개한다. 아파트, 오피스텔, 쉐어하우스, 고시원 등 다양한 유형의 숙소가 제공된다.

리브애니웨어(www.liveanywhere.me)

워케이션(Worcation)이나 한 달 살기 같은 장기 거주 공간에 특화된 플랫폼이다. 디지털 노마드, 여행객 대상 공간을 보유한 운영자에게 추천한다.

모임 공간 대표 플랫폼

스페이스클라우드(www.spacecloud.kr)

국내 최대 규모의 공간대여 플랫폼이다. 파티룸, 렌탈스튜디오 등 다양한 공간 등록이 가능하다. 여러 고객층을 대상으로 예약을 유도하려는 운영자에게 추천한다.

아워플레이스(hourplace.co.kr)

촬영 장소 공유에 특화된 플랫폼이다. 스튜디오, 가정집, 카페 등 다양한 촬영 공간을 제공한다. 사진과 영상 촬영 목적에 맞게 카테고리가 세분화돼 있는 게 특징이다.

쉐어잇 (shareit.kr)

다양한 목적의 공간을 연결하는 플랫폼이다. 특히 학교 시설, 카페, 연습실, 파티룸 등 여러 공간을 대여할 수 있다. 이용자의 목적에 따라 'Work'와 'Life'로 나눠진 메인 화면을 제공한다.

3장

공간대여업
케이스
스터디

1

과연 나도 수익을
낼 수 있을까?

공간대여업은 수익을 낼 수 있는 가능성만큼이나 실패할 위험성
도 존재한다. 수익을 낼 수 있는 요건을 갖추지 못한다면 초기 투자
금은 물론이고 시간까지 잃을 수 있다. 공간대여 업종에는 공유숙
박, 단기임대, 파티룸, 렌탈스튜디오, 공유오피스 등 다양한 형태가
있지만 시장 상황과 고객 특성에 따라 성패가 갈린다. 지역적 특성
과 고객층, 시장 상황 등을 꼼꼼히 분석하지 않고 시작한다면 실패
할 가능성이 크다는 의미다.

사업에서 성공과 실패는 종이 1장 차이처럼 느껴질 때가 많다.
이 얇은 차이를 만드는 것은 무엇일까? 바로 사전 분석과 현명한 대
응이다. 특히 초보 창업자의 경우 갑작스럽게 경쟁 업체가 증가하
거나 계절적 변동에 의해 수요가 급락하는 상황을 맞이하면 흔들릴

수밖에 없다. 그렇기 때문에 실제 사례들을 통해 성공 가능성을 높이고 실패를 피할 수 있는 방안을 고민해보는 것이 좋다.

'과연 나도 수익을 낼 수 있을까?' 공간대여업을 준비하는 입장이라면 이 질문이 머릿속을 떠나지 않을 것이다. 나 역시 깊게 고민했던 질문이기에 공감한다. 누구나 사업을 시작할 때는 좋은 성과를 기대하지만 현실은 이상과 다르다.

3장에서는 실제 공간대여 성과 사례와 실패 사례를 전달하겠다. 성과 사례는 내 '유튜브' 채널의 영상으로도 참고할 수 있도록 QR코드도 함께 실었다. 사례들을 통해 여러분이 가진 의문에 대해 어느 정도 답을 줄 수 있을 거라고 생각한다. 더불어 실전에서 생길 수 있는 문제들을 비롯해 운영 단계별 고민과 해결법 등을 소개했다. 예비 창업자 입장에서 보고 싶은 것만 보지 않고 객관적으로 필요한 것이 무엇인지 목록화할 수 있길 바란다.

2

단기임대 성과 사례

단기임대로 4주 만에 570만 원
매출 달성에 성공했어요

 첫 성과 사례로 소개할 대상은 내 '유튜브' 채널에서도 소개했던 '플랜맨'이다. 플랜맨은 공유숙박 창업에 한 번 실패했던 20대 버스 기사로, 단기임대를 시작한 후 4주 만에 570만 원의 매출을 달성하며 성과를 거뒀다. 그는 공간대여업에 어떻게 접근했고 수익화에 성공했을까?

플랜맨의 공간대여업은 실패에서 비롯됐다. 그는 가장 먼저 서울 시내에서 합법적인 '에어비앤비' 창업을 하고 싶었으나 법적 규제와 운영 조건 제한, 매물 제한으로 좌절을 경험했다. 임대인에게 말을 걸어보기도 전에 부동산 공인중개사 선에서 안 된다는 거절을 계속 받았다.

이 거절의 경험들은 '삼삼엠투' 단기임대 창업으로 사업 방향을 전환하면서 새로운 국면을 맞이했다. 그는 서울 마포구에 위치한 단기임대에 적합한 신축 오피스텔을 찾았고 단 하루 만에 임대인으로부터 전대차 허가를 받았다. 3개월간 공인중개사 선에서 거절됐던 '에어비앤비' 요청이 단기임대로는 쉽게 해결된 것이다. '에어비앤비' 창업 실패 경험이 단기임대 시장에 대한 철저한 학습을 하게 만들었고 공인중개사와의 협상에 자신감이 생기게 했다. 이는 단기임대에 적합한 매물을 확보하는 데 유리하게 작용했다. 그는 이 신축 오피스텔에 2024년 8월 12일 첫 예약을 받았다. 이후 약 12주간의 장기 예약과 2주간의 추가 예약을 받으며 570만 원＋α의 매출을 기록했다. 창업 4주 만에 달성한 성과였다.

운영 과정이 순탄하지는 않았다. 초기 구비 단계에서 예상보다 많은 시설비가 들었고 일주일 객단가를 9만 9,000원까지 낮춰 판매하는 경쟁 업체의 등장으로 가격 하락의 압박을 받았다. 그러나 12주간의 장기 고객을 확보한 상황적 이점을 차별화 기회로 삼았다. 즉, 운영 초기부터 숙소의 가치를 최대화하고자 노력했다.

그가 성과를 낼 수 있었던 이유는 고객 중심 운영 방식에 있었다. 단순히 공간을 대여하는 것을 넘어 고객이 머물고 싶은 숙소를 제공하려는 자세, 즉 고객 경험을 우선시해 청결과 편의 시설 등 숙소의 질적 요소에 집중했다. 이로 인해 예약률을 꾸준히 높였고 지금까지 공실 없이 공간을 판매하는 핵심이 됐다.

플랜맨의 사례는 경험이 곧 자산임을 잘 보여준다. 실패 경험을 발판 삼아 새로운 도전에 나섰고 단기임대의 본질을 이해하게 됐다. 특히 공간대여업은 사람들에게 신뢰와 만족을 줄 수 있는 서비스를 제공해야 한다는 점을 인식하고 실천했다. 경쟁이 치열해지면서 인근 숙소들이 가격을 낮췄지만 높은 서비스 품질과 맞춤형 판매를 통해 장기적인 수익화에 성공했다.

플랜맨의 수익화 전략은 단기임대를 준비하는 예비 창업자에게 중요한 교훈이 될 수 있다. 시장 상황에 따라 단기적인 손실이 있을 수는 있지만 서비스 품질과 고객 만족을 우선시한다면 장기적으로 수익을 안정화할 수 있다.

경기 구축 아파트에서
월 순수익 200만 원 달성했어요

내 세미나 멤버였던 '해달'은 경기도 중서부에 준공 20년이 넘은 방 2개짜리 구축 아파트를 소유하고 있었다. 리모델링까지 했지만 임대가 되지 않아 공실 상태였던 아파트에서 미허가 '에어비앤비'와 단기임대를 고민하던 중 단기임대를 선택했다.

그는 이곳에서 어떻게 수익을 냈을까? 인근의 경쟁 숙소로는 원룸형 오피스텔이 대부분이었다. 그래서 개인 고객이 아닌 단체와 가족 고객을 타깃으로 경쟁력 있는 숙소를 구축했고 판매 시작 3개월 차에 월 순수익 200만 원을 달성했다.

그의 사례는 막연히 비싼 고급 인테리어만이 정답이 아니라 수요층의 확장과 집중이 정답일 수 있음을 시사한다. 무엇보다 운영자 본인 소유의 부동산에서 본인이 직접 판매하는 것은 임차료를 아낄 뿐 아니라 부동산 가격 상승으로 시세 차익도 고려할 수 있어 더욱 이상적이다.

그는 임대인으로서 공간을 운영해 비교적 적은 노력으로 수익을 안정적으로 얻을 수 있었다. 특히 임대가 되지 않아 고민이던 집주인 입장에서 시세보다 2배나 높은 월세를 받게 됐다는 사실에 굉장히 만족스러워했다.

임차인이지만 임대인보다
많이 벌고 있어요

역시나 내 세미나 멤버였던 '백만서재'는 부동산을 통해 정기적인 현금 흐름을 창출하고자 했다. 그는 본업 외 안정적으로 추가 수입을 얻을 수 있는 방법을 고민하던 중 오피스텔 단기임대가 초기 적은 자본으로 빠르게 수익을 창출할 수 있는 방법이라 판단했다. 경기도 외곽의 1호점을 시작으로 현재는 4호점까지 확장했다.

그는 다수의 임차한 오피스텔에서 단기임대를 운영하며 빠른 회전과 판매를 발생시켰다. 각 호실마다 각기 다른 고객을 타깃으로 해 계절에 따라 가격을 유동적으로 조정함으로써 수익을 극대화했다. 특히 고객 경험을 꾸준히 개선했고 플랫폼을 통해 체계적이고 자동화된 예약 관리와 고객 응대 시스템을 구축했다. 현재는 월 300만 원의 현금 흐름을 안정적으로 유지하고 있다.

백만서재의 이야기는 다수의 공간을 운영하면서 플랫폼을 통해 위험 부담 관리와 고객 맞춤형 운영을 함으로써 수익성을 높인 사례다. 예비 창업자에게 다수의 공간을 운영할 때 필요한 관리 전략을 제공한다.

800만 원으로 부산 해운대
오션 뷰 숙소를 마련했어요

마지막 단기임대 성과 사례는 내 세미나의 50대 주부
멤버의 이야기다. 그는 해운대 오션 뷰라는 독특한 입지
를 활용해 경쟁력 있는 숙소를 운영하고자 했다. 특히 관
광지라는 특성을 살려 차별화된 공간을 제공해 수익화할 수 있을 거
라고 판단했다. 그리하여 보증금 500만 원, 월세 70만 원에 광안리
앞 분리형 오피스텔을 임차했고 이곳을 단기임대 숙소로 판매했다.

우선 그는 관광지와 오션 뷰라는 특성을 마케팅에 적극적으로
활용했다. 이곳에서 특별한 경험을 원하는 사람들을 타깃으로 삼아
운영 초기부터 예약률을 높였다. 또한 관광지의 성수기와 비수기에
따라 요금을 유동적으로 책정했고 장기 숙박 고객과 단기 숙박 고
객을 적절히 구분해 유치했다. 이런 전략을 통해 안정화된 고정적
인 수익을 창출할 수 있었다. 아울러 다양한 고객층과의 소통으로
공간에 대한 새로운 아이디어도 지속적으로 얻었고 이것을 적극 반
영했다.

이 사례는 지역 특성을 활용한 차별화 전략이 수익성에 큰 영향
을 줄 수 있음을 시사한다. 입지의 매력을 최대한 살려 고객 요구에
맞는 공간을 제공하는 것이 중요하다.

신축 오피스텔에서 수익 창출 후
권리금 받고 매각했어요

이번에는 신축 오피스텔에서 적은 자본으로 안정적인 수익을 창출한 방법과 최종적으로 권리금을 받고 어떻게 매각했는지 내 이야기를 해보려 한다. 처음 내가 단기임대를 하기로 마음먹고 접근한 공간은 인천 청라 소재의 오피스텔이었다. 해당 오피스텔은 2023년 준공된 신축으로, 보증금은 전세 대출을 받아 지불했고 임대인에게 전대차 허가를 받아 계약을 체결했다. 보증금은 전세 대출로 충당했기에 매달 대출이자와 관리비까지 총 40만 원 정도의 고정 지출이 있었고 500만 원 정도의 돈을 투입해 공간을 구비했다.

신축 오피스텔이었기 때문에 추가적인 인테리어가 거의 필요하지 않았다. 조명 교체와 페인트 필름 정도만 사용해 간단히 마무리했다. 운영 초기 나는 매달 약 100만 원의 매출을 달성했다. 고정 지출 약 40만 원을 제외하고 60만 원 이상의 순수익을 확보하며 안정적인 수익 구조를 구축했다.

1년여 간 단기임대 공간을 운영하면서 고정 고객을 꾸준히 확보하며 공간의 가치를 높였다. 그리고 이 과정에서 내 '유튜브' 채널을 통해 나에게 연락해온 인수 희망자가 있었다. 그는 내 공간의 가치와 수익성을 믿고 800만 원의 권리금을 지불했다. 나는 운영하던 공간의 고객 후기, 사진, SNS 계정과 물품 일체를 함께 양도하는 조건으로 권리금을 정산받았다.

초기 자본을 최소화해 시작한 신축 오피스텔 단기임대였지만 1년 동안 고정적인 수익을 창출하고 매각까지 성공했다. 공간대여업이 단순히 공간 운영을 넘어 브랜드 가치를 높이고 고정 고객을 확보해 추가적인 수익을 창출할 수 있음을 증명한 사례다.

이 경험을 통해 여러분에게 전달하고 싶은 메시지는 공간대여업을 하면서 단기적인 수익에만 집중하지 말고 장기적인 전략과 최후의 매각까지 염두에 둬야 한다는 것이다. 즉, 장기적인 계획을 세워야 안정적인 사업을 유지할 수 있다.

3

모임 공간 성과 사례

음악 렌탈스튜디오로
1년 장기 계약 체결했어요

이번 성과 사례의 주인공은 '공린이'라는 30대 직장인이다. 그는 대기업에 근무하면서 부수입 창출에 관심이 있었다. 그래서 서울 강남 매봉역 인근 본인 소유 건물의 공실을 음악 연습을 위한 렌탈스튜디오로 탈바꿈시켰다. 그는 악성 공실이었던 상가에 1년 장기 계약 고객을 성공적으로 유치했다. 찾는 사람이 없던 곳에 장기 계약을 이끌어낸 비결은 무엇일까?

공린이의 공간대여업은 공실로 남아 있던 상가 공간을 방치하지 않고 새로운 용도로 활용하려는 의지에서 시작됐다. 초기에는 예약을 유치하는 것에 어려움을 겪었으나 차별화된 고객 접근을 통해 점차 예약률을 높여나갔다.

창업 초기에는 매번 새 예약자를 유치해야 했기에 안정적인 수익 창출이 어려웠다. 하지만 기존 예약 고객들에게 장기 계약의 이점을 제시하고 이용 편의성과 만족감을 높이는 방식으로 운영 방식을 개선했다. 특히 주차와 편리한 접근성을 통해 경쟁 업체와의 차별화를 꾀했고 이런 운영 방식이 고객들로 하여금 재방문을 유도하는 요인이 됐다.

아울러 음악가가 정기적으로 이용할 수 있는 스튜디오를 운영하고자 했다. 그래서 음악가를 위한 최적의 환경을 제공하고자 공간 설계와 음향 및 방음 설비 등에 주의를 기울였다. 이런 노력으로 초기에는 단발성 예약을 받았지만 점차 이용자의 요구를 반영해 장기 계약을 유도했다. 즉, 음악을 주제로 한 렌탈스튜디오의 특징을 살려 타깃 고객에게 특화된 서비스를 제공함으로써 대규모 예약을 유치하고 꾸준한 재방문을 이끌어냈다. 인근 지역에서 비교적 경쟁력 있는 가격과 인테리어도 장기 계약을 이끌어내는 데 한몫했다.

공린이는 고객과의 관계 형성을 통해 신뢰를 쌓는 것에도 중점을 뒀다. 고객들의 이용 패턴을 면밀히 분석하고 재방문 가능성을 높이기 위한 다양한 제안을 했다. 아울러 고객 피드백을 빠르게 반영해 맞춤형 공간을 제공하고자 노력했다. 그 결과 고객들로부터 긍정적인 평가를 받으며 단발성 고객을 장기 고객으로 전환할 수 있었다.

이번 사례를 통해 알 수 있는 점은 경쟁 업체들과의 단가 경쟁에만 초점을 맞추는 것보다 공간의 특성과 타깃을 고려한 차별화된 운영 방식 도입이 중요하다는 것이다. 즉, 고객 경험 중심으로 공간의 가치를 극대화해 장기적인 수익성을 확보하는 것이 공간대여업의 성공 요소임을 시사한다.

1년 만에 게임 파티룸
3개 지점 오픈했어요

이어서 소개할 사례는 다른 사람들이 화이트 톤과 우드 인테리어를 고집할 때 게임 팬과 유부남을 정조준한 게임 파티룸 '밤샘'의 사례를 전달하겠다. 모두가 같은 곳을 바라볼 때 하나의 틈새시장을 공략한 운영자는 어떻게 사업화를 진행했을까?

2023년 평범한 30대 직장인이었던 '밤샘' 대표는 서울 구로디지털단지에 게임 파티룸 1호점을 열었다. 당시에도 파티룸 시장은 이미 레드오션이라 불리며 신규 창업자가 살아남기 어려운 상황이었다. 그러나 그는 뚜렷한 목표와 차별화 전략으로 단 1년 만에 3호점까지 확장했다.

그는 철저한 고객 중심의 공간을 기획했다. 기존 파티룸이 2030 여성을 타깃으로 삼아 브라이덜 샤워 등 트렌드에 집중했다면 그는 남성 중심 모임이라는 틈새시장을 공략했다.

'밤샘'의 차별화 포인트 첫 번째는 올인원 공간 제공이다. 술, 노래방, PC방을 한 번에 즐길 수 있는 공간을 기획했다. 1인당 3~4만 원의 합리적인 가격으로 모든 것을 해결할 수 있는 구조다. 두 번째는 고객 맞춤 서비스다. 최신형 PC와 충전기 설치는 기본이고 흡연자를 위한 별도 공간도 마련했다. 고객 요청 게임은 바로 추가해 만족도를 높였다. 세 번째는 운영 효율화다. 시간 단위 요금 대신 데이 또는 나이트 패키지를 도입했다. 또한 주중에는 스터디룸으로, 주말에는 파티룸으로 운영하며 공간 활용도를 극대화했다.

'밤샘' 대표는 저투자 고효율 전략으로 초기 위험 부담을 줄였다. 기존 시설을 최대한 활용하고 중고 장비를 구매해 초기 비용을 절감했다. 동시에 지역 커뮤니티와 대학가 제휴를 통해 적극적으로 홍보하며 빠르게 고객층을 확보했다. 성과는 명확했다. 6개월 만에 초기 투자금을 회수했고 1년간 약 500팀이 이용했으며 2024년에는 3호점까지 확장했다.

그는 단순한 가격 경쟁 대신 고객 경험에 집중했다. "경쟁이 치

열한 시장에서도 차별화된 경험과 만족도가 결국 수익성을 만든다." 그의 말이다. 게임 파티룸 '밤샘'은 레드오션에서도 확실한 타깃과 효율적인 운영 전략만 있다면 초보 창업자라도 성과를 낼 수 있음을 보여주는 이상적인 사례다.

강의 제작 특화 렌탈스튜디오로
3개월간 8,000만 원 벌었어요

이 사례는 적자를 내던 의학 강의 스타트업 합류 후 공간대여업을 통해 흑자 전환을 이뤄냈던 내 이야기다. 나는 기존 공간대여 운영 방식에서 벗어나 새로운 시도로 성공적인 성과를 냈다.

당시 나는 스타트업 회사에 마케팅 총괄로 합류했는데, 그곳에는 기본적인 사무 공간조차 없었다. 주어진 건 한 달에 20~30시간 동안 예약할 수 있는 공유오피스 크레딧뿐이었다. 제한된 공간과 시간에서 업무와 회의를 진행해야 했고 필요에 따라 그곳에서 강의 콘텐츠 촬영까지 했다.

여러 제약 속에서도 나는 강의 콘텐츠 제작의 중요성을 느꼈고 이를 위한 별도의 공간을 마련하기로 결정했다. 반년 동안의 매물 조사를 통해 서울 마곡나루에 방음 부스가 설치된 14평 규모의 지식산업센터 사무실을 보증금 1,000만 원, 관리비 포함 월세 130만 원에 무권리로 인수했다. 일반적인 사무실 공간이 아닌 특정 목적을 가진 공간으로서 강의 촬영과 편집에 최적화된 환경이었다. 나는 그곳에서 기업을 대상으로 한 B2B 중심의 수익 모델을 구축했다.

당시 대중적인 렌탈스튜디오 시장은 흑백 셀프 스튜디오가 유행하면서 경쟁이 과열된 상태였다. 시간당 1만 원 수준의 저렴한 객단가와 개인 고객을 타깃으로 하는 방식은 매력적으로 다가오지 않았다. 그래서 나는 고유의 가치를 지닌 공간을 통해 기업을 대상으로 수익을 극대화하고자 했다. 이 접근 방식은 공간의 고급스러움을 유지하면서도 높은 객단가를 설정할 수 있는 유리한 위치를 만들어 냈다.

이후 단순한 공간대여를 넘어 촬영 서비스를 제공하는 전략을 통해 객단가를 더욱 높일 수 있었다. 프리랜서 PD를 고용해 상주시키고 대관료에 촬영 지원 비용을 포함한 패키지를 구성했다. 초기에는 시간당 4만 4,000원이었던 대관료는 최대 120만 원까지 상승했다. 단순히 공간만 제공하는 것이 아니라 고객에게 필요한 부가가치를 함께 제공해 얻어낸 결과였다.

사업 규모가 커지면서 나는 정부 지원 사업을 활용해 PD를 정규직으로 고용함으로써 인건비를 지원받아 운영비를 절감했다. 매달 지원되는 190만 원의 인건비는 인력 확보와 함께 지속 가능한 운영을 가능하게 했으며 사업을 보다 안정적으로 확장하는 밑거름이 됐다. 프로젝트 단위의 영상 제작과 편집 작업을 원활하게 진행했고 협회나 강의 플랫폼과의 고액 계약도 성사시킬 수 있었다.

1년여 간의 노력 끝에 나는 이 공간을 통해 800만 원의 적자를 내던 상황을 탈피하고 3개월간 8,000만 원 이상의 매출을 달성했다. 프로젝트 하나당 400~600만 원에 달하는 높은 수익을 창출하며 단순 대관을 넘어 종합 콘텐츠 제작을 제공하는 방향으로 사업을 확장했다. 공간의 특성과 활용 방식을 달리해 고유한 가치를 창출한 결과였다.

나는 이 경험을 통해 고객 맞춤형 서비스 제공과 시장 흐름에 따라 전략적으로 접근하는 것이야말로 공간대여업의 성공적인 수익화를 이끄는 핵심임을 깨달았다.

4

공유숙박 실패 사례

지방은 단속 안 하는데요?
에어비앤비 무허가 운영

지방에서 '에어비앤비'를 무허가로 운영하다 법적 문제에 직면한 한 창업자의 사례를 살펴보겠다. 많은 사람이 '에어비앤비'를 무허가로 운영하려는 이유는 규제를 피해 쉽게 운영하고 수익을 올릴 수 있을 것이라는 생각 때문이다. 지방은 규제가 느슨하고 단속이 잘 이뤄지지 않을 거라고 생각하며 무허가 운영을 시도하지만 이 사례를 통해 알 수 있듯이 그 결과는 매우 치명적일 수 있다.

초기에 법적 문제에 얽히면 이후 사업 확장이나 다른 창업 시도에도 부정적인 영향을 미친다. 예를 들어 벌금 기록은 금융기관 신용 평가에 악영향을 끼치고 이는 자금 조달에 제약을 발생시켜 새로운 사업 기회가 제한될 수 있다.

이 사례의 창업자는 지방의 한 아파트를 임차해 저렴한 임차료와 관광 수요를 바탕으로 '에어비앤비'를 무허가로 운영했다. 특히 지방은 단속이 드문 것이라는 안일한 생각이 주요 이유였다. 초기에는 아무 문제 없이 예약을 받고 수익을 내는 듯했다. 실제로 주변에 규제 없이 '에어비앤비'를 운영하는 사례들이 흔했고 이로 인해 별다른 불안감 없이 운영을 이어갔다. 하지만 이는 어디까지나 법적으로 허가된 절차 없이 이뤄진 불법적인 행위였다. 결국 해당 아파트에서의 무허가 운영이 〈공중위생관리법〉 위반으로 적발되면서 법적 처분을 받게 됐다.

〈공중위생관리법〉에 따른 벌금 처분은 창업자의 첫 사업에 큰 오점을 남겼고 이후 다른 사업을 추진할 때도 커다란 걸림돌이 됐다. 법적 문제로 인해 '빨간줄'이 그어진 상황은 경제적인 손실을 넘어 이후에 다른 사업을 시도하거나 금융기관에서 자금을 조달하는 데 상당한 제약을 가져왔다. 특히 초기부터 법적 문제에 연루된 것은 창업자에게 심리적인 부담으로 작용했다.

이번 사례는 '에어비앤비'를 통해 공유숙박을 시작하고자 하는 예비 창업자들에게 중요한 교훈을 준다. 특히 지방은 단속이 느슨하다는 이유로 허가를 받지 않은 채 운영을 시작하는 것은 매우 위험한 선택이다.

법적 절차와 규제를 준수하는 것이 사업의 기본임을 잊어서는 안 된다. 반드시 허가 절차를 철저히 밟고 법적인 테두리 안에서 운영해야만 장기적으로 성과를 낼 수 있다.

5

모임 공간 실패 사례

인테리어에 투자하면
어떻게든 팔리겠죠

이번 단원에서는 모임 공간 실패 사례를 통해 중요한 교훈을 얻어보겠다. 먼저 경기도 신도시에서 파티룸과 렌탈스튜디오를 창업한 사례로, 많은 예비 창업자에게 시사하는 바가 크다.

창업자는 경기도 신도시의 지식산업센터 내 15평 규모의 공간을 파티룸과 렌탈스튜디오로 운영하려는 계획을 세웠다. 모든 물품과 인테리어를 포함해 1,500만 원 정도 예산으로 공간을 준비했으며 인테리어는 반셀프로 진행해 비용을 절감하려 했다. 하지만 공간 준비를 시작하자 인테리어 작업이 번거롭고 힘들다는 이유로 반셀프 방식을 포기하고 결국 모든 작업을 전문 인테리어 업체에 턴키 방식으로 맡겼다.

턴키 방식으로 인테리어를 맡기니 예상보다 훨씬 많은 비용이 발생했다. 처음 계획했던 예산 1,500만 원은 단숨에 초과했고 최종적으로 3,000만 원 이상의 금액이 들었다. 이로 인해 창업자는 공간을 운영하기도 전에 과도한 비용 부담을 떠안았고 수익을 내기 위한 운영 부담이 커지게 됐다.

이뿐만 아니라 창업자는 직접적인 마케팅 활동도 하지 않았다. 초기 고객 유치와 홍보는 사업의 성패를 가르는 중요한 요소 중 하나인데, 이 부분을 소홀히 했다. 이는 곧 해당 공간의 인지도가 낮아지는 결과를 초래했고 고객 유입이 원활하지 않아 매출 부진으로 이어졌다.

결국 창업자는 계속되는 손실을 감당하지 못하고 운영을 종료했다. 해당 공간은 무권리에 가까운 저권리로 다른 사람에게 넘겨졌다. 큰 비용을 들였음에도 불구하고 운영을 지속할 수 없었던 것이다. 이 실패 사례는 인테리어에 많은 돈을 투자한다고 해서 성과가 보장되지 않음을 잘 보여준다. 공간대여 창업 시 가장 중요한 것은 초기 계획을 철저히 세우고, 비용을 효율적으로 관리하며, 직접적인 마케팅을 통해 초기 고객을 확보하는 것이다.

경기도 신도시에서 실패한 파티룸과 렌탈스튜디오 운영 사례처럼 비슷한 이유로 폐업하는 공간들이 많다. 이렇게 실패한 공간을 저권리 또는 무권리로 인수한 후 제대로 운영할 수 있다면 다음 인수자는 높은 확률로 성과를 낼 수 있다. 왜냐하면 이미 인테리어와 기본적인 설비가 완료된 상태이므로 추가적인 비용 부담 없이 운영에만 집중할 수 있기 때문이다.

이번 사례는 공간대여업에서 인테리어와 초기 비용, 마케팅의 중요성을 다시 한번 상기시켜준다. 아울러 창업 초기 중요한 결정을 소홀히 했을 때 어떤 결과를 초래하는지 보여주는 사례다. 예비 창업자들은 창업 과정에서의 작은 결정 하나하나가 얼마나 중요한지 배울 수 있길 바란다.

어디든 창업해도 팔릴 거예요

이번에 소개할 사례는 많은 직장인 예비 창업자가 흔히 저지를 수 있는 실수와 그로 인해 겪게 되는 결과다. 경기도 남부에 거주하며 서울 중구에 직장을 둔 30대 직장인이 강남에서 무리하게 공간대여 창업을 시도했으나 성과를 내지 못한 이야기다. 즉, 집 근처도 직장 근처도 아닌 장소에 렌탈스튜디오를 창업한 것이다. 이 이야기를 통해 창업 전 충분한 준비와 적절한 선택의 중요성을 되새기

고자 한다.

창업자는 강남의 허름한 상가를 임차해 성공적으로 운영 중인 다른 렌탈스튜디오와 동일한 형태의 공간을 구성하고자 했다. 그는 하루 2시간 정도의 관리 시간을 확보할 수 있다고 생각하고 창업했으나 직장과 집이 모두 강남에서 멀리 떨어져 있다는 점을 간과했다. 이로 인해 실제 운영 과정에서 해당 공간으로 이동하는 시간이 과도하게 소요됐고 결과적으로 공간을 제대로 관리하지 못했다.

강남은 확실히 사람이 많이 모이는 지역이다. 하지만 문제는 창업자가 그곳에서 물리적으로 멀리 떨어져 있었고 그로 인해 공간 관리에 충분한 시간을 할애할 수 없었다. 결국 이 공간은 일상적인 관리가 제대로 되지 않았고 고객 응대에도 소홀해져 긍정적인 인상을 남기기 어려웠다. 이로 인해 공간의 청결이나 서비스 품질이 떨어졌고 고객의 신뢰를 잃게 되는 결과를 낳았다. 또한 창업자는 충분한 시간을 들여 마케팅 활동을 하지 못했으며 이는 고객 유치에도 큰 장애물이 됐다.

창업 초기에는 좋은 입지와 성공적인 비즈니스 모델만으로 충분히 수익을 낼 수 있을 거라는 기대를 가졌지만 현실은 그렇지 않았다. 강남이라는 입지가 많은 사람을 자연스럽게 끌어들일 것이라고 믿었지만 실제로는 그 지역에 맞는 적극적인 마케팅과 고객 관리를 하지 않으면 성과를 내기 어려웠다. 결국 운영 기간을 1년도 채우지 못하고 영업을 종료했다. 창업자는 공간을 저권리로 다른 사람에게 양도하며 사업을 마무리 지었다.

단순히 좋은 입지나 성공적인 비즈니스 모델을 그대로 따라 한다고 해서 성과를 낼 수 없음을 보여주는 사례다. 특히 물리적 거리와 관리 가능성에 대한 충분한 고려가 없다면 좋은 입지조차도 독이 될 수 있음을 보여준다.

운영자가 직접 공간을 관리할 수 없는 경우 운영의 질이 떨어질 가능성이 크다. 이는 곧 고객 불만으로 이어지고 사업 실패로 연결될 수 있다. 공간대여 창업을 시도할 때 본인의 생활 반경과 관리 가능성을 반드시 고려해야 한다. 운영자가 물리적으로 접근하기 쉬운 위치에 마련해야 하며 운영에 충분한 시간과 에너지를 투입할 수 있어야 한다. 본인 상황에 맞는 철저한 계획과 실행이 필요하다.

또한 좋은 위치에 있는 공간이라고 해서 자동으로 고객이 찾아오는 것은 아니다. 고객을 유치하기 위한 전략적인 마케팅과 한 번 방문한 고객을 다시 오게 만드는 서비스가 뒷받침되지 않으면 아무리 좋은 입지라도 의미가 없다.

예비 창업자라면 본인의 상황을 면밀히 분석하고 실제로 공간을 관리하고 운영할 수 있는지, 그리고 고객을 유치할 수 있는지에 대해 충분히 고민해야 한다.

서울 강남이면 무조건 팔려요

나는 지금까지 공간대여업을 하면서 성과를 낸 여러 사례들을 쌓아왔다. 공유숙박, 렌탈스튜디오, 공유오피스 등 중박 이상의 성과를 거뒀다. 하지만 파티룸은 그렇지 않았다. 서울 강남 논현동에서 파티룸을 창업했는데, 단 3개월 만에 무너졌다. 내가 저지른 실수를 여러분이 반복하지 않길 바라는 마음으로 이야기를 풀어보겠다.

나는 여러 공간대여업 성공 경험들이 있었기에 어떤 공간이든 창업에 자신감이 있었다. 그런데 한 층 전체를 사용하는 사무실을 임차해 파티룸을 창업했는데, 완전히 실패하고 말았다. 이유는 단순했다. 주변 환경을 제대로 고려하지 않았기 때문이다.

내가 임차한 곳은 논현동 이면 도로에 위치한 건물이었다. 이면 도로에 있는 건물은 대부분 노후화가 심했고 리모델링이나 재건축 등으로 공사가 끊이지 않아 소음 문제가 매우 심각했다. 해당 공간을 계약하기 전에는 조용하다고 생각했지만 막상 운영을 시작하자마자 주변 건물들에서 공사가 시작됐다. 공사 소음 때문에 어떤 행사도 제대로 진행될 수 없었다.

내가 놓친 것은 기본 중의 기본이었다. 평일 아침, 점심, 저녁, 그리고 주말 하루를 통째로 시간을 내 주변 환경을 조사했어야 했는데 그러지 않았다. 내가 방문했을 때는 조용했지만 순간적인 착각이었고 그 이후의 상황은 전혀 달랐다. 주변 환경을 철저히 살피지 않은 것이 결국 큰 실수였다.

하지만 반전이 있다. 그럼에도 불구하고 나는 이 공간에서 100일 동안 약 6,000만 원의 매출을 올렸다. 주변 공사 소음이 이렇게나 심한데, 어떻게 가능했을까? 바로 콘텐츠 기획과 콜라보레이션 덕분이었다.

당시 내가 운영했던 파티룸은 소음을 무시하고 운영하기에는 무리였지만 대신 '유튜브' 콘텐츠 기획을 통해 새로운 수익 모델을 찾았다. 구독자 약 10만 명을 보유한 비즈니스 유튜버와 협력해 해당 공간에서 촬영 콘텐츠를 진행했고 짧은 기간 내 높은 매출을 올렸다. 첫 30일 동안 약 750만 원의 매출을 달성했고, 그 후 40일 동안 약 3,500만 원, 마지막 20일 동안은 약 600만 원의 매출을 달성했다.

시설 투자비는 약 500만 원, 보증금은 2,000만 원, 월세는 240만 원, 관리비는 10만 원이었다. 총 지출은 약 1,325만 원(시설 투자비 500만 원+3개월 치 월세 720만 원+10일 치 월세 75만 원+3개월 치 관리비 30만 원)이었으며 이를 제외하고 약 3,525만 원의 순수익을 올렸다. 매달 평균 1,200만 원의 순수익을 발생시킨 셈이다. 이렇게 해서 폐업 직전까지 최대한 수익을 끌어냈고 결국에는 새로운 임차인에게 보증금을 돌려받는 조건으로 중도 퇴실했다.

이 경험을 통해 깨달은 점은 아무리 좋은 위치라도 주변 환경을 철저히 분석하지 않으면 실패할 수 있다는 것이다. 강남이라는 지역 자체에 대한 막연한 믿음만으로는 충분하지 않다. 입지와 수요가 좋더라도 기본적인 요소를 간과하면 실패할 수 있다.

여러분은 나와 같은 실수를 반복하지 않길 바란다. 공간대여업을 기획할 때는 단순히 위치나 인테리어만 고려할 것이 아니라 주변 환경, 특히 소음 같은 요소들을 면밀히 조사해야 한다. 아울러 실패를 두려워하지 않고 그 상황에서 새로운 방법을 찾아내는 것도 중요하다. 내가 콘텐츠 기획과 콜라보레이션을 통해 수익을 올렸던 것처럼 상황에 맞는 대처와 유연한 사고방식이 필요하다. 실패는 누구에게나 찾아올 수 있다. 하지만 그 실패를 어떻게 극복하고 나아가 어떻게 활용하는지가 결국 성패를 결정 짓는다.

6

어떤 공간대여업이
돈이 될까?

공간대여 창업 시 고려해야 할 점

창업을 생각 중인 많은 사람이 고민하는 질문이 있다. '어떤 사업이 돈이 될까?' 이때 고려할 것은 단순히 수익성 있는 사업을 찾는 것이 아니라 본인의 상황과 자본, 목표에 맞는 사업을 찾는 것이다. 이 과정에서 데이터에 기반한 신중하고 체계적인 접근이 필요하다. 공간대여업도 마찬가지다. 돈이 되는 공간대여업을 찾을 때 고려해야 할 점들을 알려주겠다.

첫째, 본인의 자본을 현실적으로 고려하는 것이 필수다. 예를 들어 5,000만 원의 자본으로 서울 강남에 큰 파티룸을 운영하려고 한다면 이는 무모한 도전이다. 강남은 임차료가 높고 경쟁도 치열하다. 초기 자본이 충분하지 않다면 실패할 가능성이 높다. 반면에 동일한 자본으로 소규모 모임 공간을 창업한다면 성공 가능성은 더 높아질 것이다. 즉, 자본 규모에 맞게 효율적으로 운영 가능한 사업 아이템을 찾는 것이 성공의 첫걸음이다.

둘째, 목표 매출에 따라 업종의 형태도 달라져야 한다. 예를 들어 월 300만 원의 매출을 목표로 한다면 단기임대나 소규모 사무실 대여같이 관리가 쉬운 공간대여업이 적합하다. 반면에 월 1,000만 원 이상의 매출을 목표로 한다면 단순히 공간을 빌려주는 것을 넘어 부가가치를 더할 모델이 필요하다. 예를 들어 렌탈스튜디오에서 촬영 장비를 제공하거나 파티룸에서 테마 이벤트를 기획하는 식으로 고객에게 차별화된 경험을 제공해야 한다. 이를 통해 추가 수익 창출이 필요하다.

셋째, 창업할 때는 본인의 감이나 주변의 이야기만 듣고 무작정 시작하지 않아야 한다. 감성적 접근이 아니라 철저한 데이터와 논리에 기반한 전략적 접근이 필요하다. 창업하려는 분야의 시장 규모, 경쟁 강도, 소비자 수요 등을 철저히 조사해야 한다. 데이터를 바탕으로 창업하면 성공 가능성을 높이고 위험 부담을 줄일 수 있다. 성공한 사례를 참고하는 것도 좋다. 다만 단순한 모방보다는 본인의 상황에 맞게 변형하고 발전시키는 것이 중요하다.

넷째, 창업을 계획할 때 본인의 생활 패턴과 조화를 이루는지 생각해야 한다. 예를 들어 직장인이 매일 직접 관리해야 하는 렌탈스튜디오를 운영하는 것은 현실적으로 어려울 수 있다. 시간과 에너지가 부족한 상황에서 관리가 많이 필요한 사업을 하면 지치기 쉽다. 반면에 관리가 비교적 덜 필요한 단기임대나 소규모 사무실 대여는 직장인에게 적합할 수 있다. 창업 아이템은 수익성뿐 아니라 본인 삶의 방식과 잘 맞는지 고려해야 지속 가능하고 장기적으로 성과를 낼 수 있다.

공간대여업은 단순히 수익을 창출하는 수단이 아니다. 삶을 변화시키는 중요한 도전이다. 그러므로 더욱 신중하고 철저한 준비가 필요하다. 실패를 두려워하지 말고 실패 속에서도 배우려는 태도를 가지며 올바른 방향으로 나아가길 바란다.

성공적인 공간대여 창업을 위한 조언

창업의 여정은 쉽지 않지만 그 과정에서 얻는 경험과 성취감은 그 무엇과도 비교할 수 없을 정도로 값지다. 이 여정에서 본인의 꿈을 이루고 삶을 변화시키는 주인공이 되길 바라는 마음에서 성공적인 공간대여 창업을 위한 몇 가지 조건을 정리해봤다.

첫째, 본인이 가진 자원을 최대한 활용해야 한다. 예를 들어 공간대여 창업 시 본인이 소유한 부동산이 있다면 이것을 활용할 수 있다. 초기 비용을 절감하고 자산을 효율적으로 활용하는 것은 사업의 지속 가능성을 높이는 데 크게 기여한다.

둘째, 지속적으로 학습하고 변화하는 시장 환경에 유연하게 대응해야 한다. 예를 들어 공간을 운영하다 고객 니즈가 바뀌는 것을 감지했다면 이에 맞춰 사업 모델을 변화시키는 것이 필요하다. 현재 상태에 안주하지 말고 이용자의 피드백을 반영하고 시장 트렌드를 파악해 발전시키려는 노력이 중요하다. 그래야 경쟁에서 우위를 점하고 장기적으로 안정적인 수익을 창출할 수 있다.

셋째, 창업은 혼자 하는 것이 아니라는 점을 기억해야 한다. 창업 과정에서 다양한 네트워크와 협력 관계를 구축하는 것이 좋다. 특히 같은 업종에 종사하는 사람들과의 교류는 큰 도움이 된다. 운영 과정에서 발생할 수 있는 문제를 해결하는 데 실질적인 조언을 줄 수 있으며 새로운 아이디어를 얻는 데도 큰 도움이 된다. 세미나나 네트워크 활동을 통해 다양한 경험을 쌓아가는 것은 창업 여정을 더욱 탄탄하게 만들어줄 것이다.

창업 과정에서 겪는 모든 경험은 값진 자산이 될 것이다. 그 경험을 통해 성장하고 더 나은 선택을 하는 능력을 얻을 수 있다. 창업은 누구에게나 어렵지만 그 어려움을 극복한 사람에게만 찾아오는 성과와 보람은 큰 기쁨이다. 그러니 주저하지 말고 본인의 꿈을 이루기 위해 첫걸음을 내딛길 바란다. 그 걸음이 삶을 바꾸는 시작이 될 것이다.

공간대여 운영자라면 알아둬야 할 사이트

공간대여업, 이제 막 시작하려니 뭐부터 해야 할지 막막하다면 걱정 말라. 성공적인 공간대여업 운영을 위한 필수 사이트들을 골라 정리했다. 한 번씩 접속해보는 것을 추천한다.

마케팅-내 공간 널리 알리기

레뷰(www.revu.net)

'네이버' 블로그 체험단 마케팅 플랫폼이다. 파워 블로거들을 통해 공간 홍보와 생생한 후기 확보가 가능하다. 콘텐츠 중심 홍보를 원하는 운영자에게 적합하다.

리뷰노트(www.reviewnote.co.kr)

다양한 분야 '네이버' 블로그 체험단 마케팅 플랫폼이다. 가성비 좋은 홍보 전략을 제공하며 소규모 예산으로도 높은 효과를 낼 수 있다. 예산이 한정된 소규모 공간 운영자에게 추천한다.

크몽(kmong.com)**의 링블 체험단**

'크몽'에서 제공하는 체험단 서비스다. 검증된 크리에이터들과 협력해 신
뢰도 높은 후기 확보가 가능하다. 신뢰성 있는 홍보 콘텐츠를 통해 입소문
을 원하는 운영자에게 적합하다.

브랜딩-나만의 공간 보여주기

네이버 모두(www.modoo.at)

무료 홈페이지 제작 서비스다. 직관적인 인터페이스로 빠르게 홈페이지
구축이 가능하다. 초기 단계에서 간단한 브랜드 웹사이트를 제작하고자
하는 운영자에게 적합하다.

아임웹(imweb.me)

전문적인 웹사이트 제작 플랫폼이다. 다양한 디자인 템플릿과 커스터마
이징 기능을 제공한다. 고급스러운 디자인과 세련된 브랜드가 필요한 운
영자에게 추천한다.

모임 플랫폼-다양한 모임 유치하기

문토(www.munto.kr)

취향 기반의 모임 플랫폼이다. 독서, 영화, 스터디 등 다양한 모임을 활성화할
수 있다. 정기적인 모임과 커뮤니티 활성화를 원하는 운영자에게 적합하다.

소모임(www.somoim.co.kr)

새로운 친구를 사귀기 위한 모임 플랫폼이다. 네트워킹 중심 공간에 적합하며 사교 모임을 유치하려는 운영자에게 추천한다.

탈잉(www.taling.me)

원데이 클래스, 취미 강좌 등을 위한 플랫폼이다. 강좌나 수업을 통해 수익을 창출하려는 공간 운영자에게 적합하다.

프립(www.frip.co.kr)

액티비티와 체험 중심 플랫폼이다. 액티비티를 운영하는 공간에 적합하며 특별한 체험과 프로그램을 제공하려는 운영자에게 추천한다.

데이터 분석-사업 전략 수립하기

챗 GPT(chatgpt.com)

아이디어 생성부터 마케팅 전략까지 다양한 지원이 가능하다. 데이터 분석과 전략 수립이 필요한 공간 운영자에게 적합하다.

네이버 데이터랩(datalab.naver.com)

국내 검색 트렌드 분석 도구다. 키워드 검색량 조회와 트렌드 파악에 용이하다. 국내 고객층의 관심사를 분석하고자 하는 운영자에게 추천한다.

구글 트렌드(trends.google.com)

글로벌 검색 트렌드 분석 도구다. 해외 고객층 타겟팅에 유용하며 국제 고객 유치를 고려하는 운영자에게 추천한다.

사람들이 가장
궁금해하는
공간대여 Q&A

앞서 본문에서 설명한 내용을 비롯해 예비 공간대여 창업자들이 가장 궁금해하는 내용들을 모아 Q&A 형식으로 정리했다. 평소 공간대여업에 대해 궁금한 것들이 있었다면 참고하길 바란다.

Q1 단기임대는 합법적으로 운영이 가능할까?

A 단기임대는 임대인과 임대차 계약 시 전대차 허가를 받으면 별도의 인허가 없이 운영이 가능하다. 전대차 허가는 단기임대를 합법적으로 운영할 수 있는 방법 중 하나로, 임대인으로부터 명확한 동의를 얻는 것이 필수다. 가령 임대차 계약서 특약 사항에 전대차 허가 조항을 명시함으로써 법적으로 문제가 발생하지 않도록 한다.

Q2 에어비앤비는 합법적으로 운영이 가능할까?

A '에어비앤비'는 여러 가지 방법으로 합법 운영이 가능하다. 가령 외국인관광도시민박업으로 등록하거나 '위홈' 오픈호스팅을 통해 외국인

에게 합법적으로 숙박을 제공할 수 있다(120쪽 참고). 그런데 나는 '에어비앤비' 창업을 추천하지 않는다. 특히 한국에서는 규제와 법적 이슈가 많아 안정적으로 수익을 창출하기 어려운 측면이 있기 때문이다. 그 대신 단기임대 운영을 권장한다.

Q3 공간대여업의 세금 계산은 어떻게 할까?

A 정기적으로 공간을 대여하고 수익을 얻는 경우 사업자 등록을 통해 합법적으로 세금을 납부할 수 있다. 세금 계산 시에는 매출에서 경비를 제외한 금액에 대해 소득세를 부과한다. 또한 임대료, 관리비 등 사업 운영에 들어간 비용은 세금 신고 시 공제 항목으로 처리할 수 있어 반드시 기록으로 남겨두는 것이 좋다. 다음은 4,800만 원의 연매출 발생 시 세금 계산 예시다.

에어비앤비

- 경비 : 4,800만 원×84.6%(단순경비율)=4,060만 8,000원
- 과세 소득 : 4,800만 원-4,060만 8,000원=739만 2,000원

단기임대(비거주용 임대업)

- 경비 : 4,800만 원×40.4%(단순경비율)=1,939만 2,000원
- 과세 소득 : 4,800만 원-1,939만 2,000원=2,860만 8,000원

파티룸

- 경비 : 4,800만 원×81.7%(단순경비율)=3,921만 6,000원

- 과세 소득 : 4,800만 원-3,921만 6,000 원=878만 4,000원

렌탈스튜디오

- 경비 : 4,800만 원×86.8%(단순경비율)=4,166만 4,000원

- 과세 소득 : 4,800만 원-4,166만 4,000원=633만 6,000원

공유오피스

- 경비 : 4,800만 원×41.5%(단순경비율)=1,992만 원

- 과세 소득 : 4,800만 원-1,992만 원=2,808만 원

경비율이란 매출액 대비 필요경비의 비율을 의미한다. 즉, 매출액에서 경비를 제외한 나머지 금액을 소득으로 간주하는 비율이다. 경비율에는 기준경비율과 단순경비율이 있다. 기준경비율은 주요 경비를 증빙 서류로 인정받아야 하며 기타 경비는 경비율을 곱하여 계산한다. 단순경비율은 수입 금액의 일정 비율을 경비로 공제하는 방식이다. 앞선 예시에 제시된 단순경비율은 업종과 과세 연도에 따라 달라질 수 있다. 또한 단순경비율 적용 외에 기준경비율 적용과 간편장부 대상자 등 다양한 경우가 있다. 따라서 사업 유형과 규모에 따라 적용되는 세법이 다르

므로 정확한 세금 계산을 위해서는 세무 전문가의 도움을 받는 것이 안전하다.

Q4 공간 운영 시 발생할 수 있는 문제점과 해결 방법은?

A 공간 운영 시 흔히 발생하는 문제 중 첫 번째는 소음이다. 특히 파티룸의 경우 주변 이웃과 갈등이 생길 수 있어 방음 설비를 강화하거나 사용 시간에 제한을 두는 것이 필요하다. 두 번째는 고객의 예약 취소로 인한 손실이다. 이를 줄이기 위해 취소 정책을 명확히 하고 일정 기간이 지난 후 취소 시 수수료를 부과하는 등의 제도를 마련해야 한다. 세 번째는 청소와 시설 유지 관리다. 전문 청소 업체를 이용하거나 청소 일정을 철저히 계획해 시설을 유지 관리하는 것이 필요하다.

Q5 고객의 예약 취소 문제 해결 방법은?

A 명확한 취소 정책을 세우고 이를 사전에 고객에게 안내하는 것이 중요하다. 예를 들어 예약 취소 시점을 기준으로 환불 가능 여부 또는 수수료를 부과해 불필요한 손실을 줄일 수 있다. 또한 예약 변경 가능 기간을 명확히 하여 고객이 예약을 신중히 하도록 유도한다.

Q6 고객과 분쟁 발생 시 해결 방법은?

A 고객과의 분쟁을 줄이기 위해서는 명확한 공간 이용 규칙을 마련해야

한다. 고객에게 공간 예약 시 규칙에 대해 충분히 안내하고 이를 준수하지 않을 경우 발생하는 책임에 대해 미리 공지하는 것이 좋다. 계약서 작성 역시 필수며 이를 통해 시설 파손이나 규칙 위반 시 책임 소재를 명확히 할수 있다. 또한 문제가 발생했을 때 고객과의 원활한 소통을 통해 빠르게 해결하는 것 역시 중요하다.

Q7 고객 만족도는 어떻게 높일까?

A 고객 만족도를 높이기 위한 첫 번째는 청결 유지다. 공간을 이용한 고객이 가장 중시하는 부분은 청결임을 잊지 말길 바란다. 두 번째는 예약과 결제가 편리하게 진행될 수 있는 시스템 구축이다. 모바일에서 쉽게 예약과 결제를 할 수 있도록 시스템을 최적화하면 고객 편의성을 높일 수 있다. 마지막은 고객 요청에 빠르게 대응하고 피드백을 반영해 공간을 개선하는 것이다.

Q8 내 공간의 경쟁력은 어떻게 높일까?

A 공간의 경쟁력을 높이기 위해서는 다른 공간과 차별화되는 특징을 개발해야 한다. 예를 들어 특정 테마로 꾸며진 공간은 그 자체로 마케팅 포인트가 된다. 또한 고객이 남긴 긍정적인 후기를 적극적으로 활용해 마케팅에 반영하면 신뢰도를 높일 수 있다. 고객과의 소통을 강화하고 지속적으로 공간의 질을 개선하는 것도 경쟁력을 높이는 방법이다.

Q9 수익을 극대화할 수 있는 방법은?

A 수익을 극대화하기 위해서는 다양한 부가 서비스를 제공할 수 있다. 예를 들어 파티룸에서 음료와 간식을 함께 판매하거나 렌탈스튜디오에서 촬영 장비를 대여하는 방식으로 추가 수익을 창출할 수 있다. 또한 주말과 주중, 낮과 밤 등 시간대별 가격을 다르게 책정해 수익을 최적화하는 것도 좋은 전략이다. 고객의 니즈에 맞춘 맞춤형 패키지 상품을 제안해 부가가치를 높이는 것도 수익을 극대화하는 방법 중 하나다.

Q10 장기적인 성과를 내기 위해 중요한 요소는?

A 장기적으로 성과를 내기 위해서는 지속적인 공간 관리와 브랜드 가치를 높이는 노력이 필요하다. 첫 번째는 공간의 청결과 시설 관리는 고객이 만족하고 재방문율을 높이는 데 중요한 요소다. 두 번째는 브랜드 이미지를 구축하고 강화함으로써 고객에게 신뢰를 줘야 한다. 세 번째는 고객 피드백을 반영해 서비스를 개선하고 고객 후기 등을 활용해 긍정적인 이미지를 만들어가는 것도 장기적인 성과에 도움이 된다.

운영자→플레이어→플랫폼

이제 공간 운영을 넘어 더 큰 그림을 그리고자 한다. 나는 공간 대여업을 하면서 지속적으로 권리금을 받고 공간을 매각하며 자본을 마련했다. 내 이력을 좋게 본 임대인들로부터 보증금이나 월세 없이 50% 매출 셰어 조건으로 공간을 위탁받아 운영하기도 했다. 이런 경험 덕분에 점차 위험 부담을 줄이고 더 큰 도전에 나설 수 있었다.

시간이 지나면서 큰 규모의 임대인들이 내게 여러 공간을 맡기기 시작했다. 그 결과 서울 충무로에 있는 120평 대형 공유오피스와 서울역 인근 원룸텔 통건물을 임차하게 됐다. 소형 공간 운영자에서 집단으로서 프로젝트 매니저 역할을 수행하며 공동 투자와 운영 대행을 통해 더 많은 공간을 효율적으로 운영하는 단계에 도달했다.

누군가는 공간대여업을 그저 공간을 빌려주고 청소비에서 조금의 마진을 남기는 사업이라고 여길 수도 있다. 내 생각은 다르다. 사람과 사람 사이에는 반드시 공간이 필요하고 공간은 단순한 장소 그 이상의 의미를 지니고 있다.

공간대여업은 부동산을 보유하지 않아도 사업 경험이 많지 않아도 시작할 수 있다. 중요한 건 올바른 방향과 실행력이다. 부동산을 소유하고 있든 단지 아이디어와 열정만 가지고 있든, 공간으로 돈을 벌 수 있는 방법을 이 책에서만 6가지 이상 소개했다. 어떤 공간 운영이 본인에게 어울릴지 고민된다면 직접 다양한 공간을 하나씩 이용해보는 것도 좋은 방법이다.

이 책을 통해 공간대여업의 기초와 방법론을 전달하는 것에서 나아가 사업으로서 공간대여를 선택한 사람이라면 어떤 레벨을 목표로 해야 하는지, 그리고 그 과정에서 어떤 선택을 해야 하는지 보여주고자 했다.

이제는 생각만으로 시간을 보내지 말고 이 책을 읽고 실제로 공간의 운영자가 되길 바란다. 공간을 빌려주는 것을 넘어 그 공간에서 새로운 가치를 창출하는 플레이어가 되고 궁극적으로는 본인의 플랫폼을 구축하는 단계로 성장하길 바란다.

나와 '공간으로 돈 버는 사람들' 멤버들의 사례를 통해 간접 경험과 지식을 얻었길 바라며 이 책이 부디 여러분의 창업 여정에 도움이 되길 기원한다.

공간대여업을 준비하는 예비 창업자에게

공간대여 창업은 누군가에게는 부동산 투자의 연장일 수 있고 누군가에게는 본인의 재능이나 커뮤니티를 기반으로 한 첫 사업일 수 있다. 또 누군가에게는 단순히 막연한 꿈이나 도전일 수 있다. 이 책을 읽는 여러분도 각기 다른 이유로 공간대업에 관심을 가졌을 것이다. 어떤 계기로 이 길을 선택했든 그 시작을 응원한다.

공간대여업은 생각보다 쉽고 걱정보다 어렵다. 누구나 할 수 있지만 모든 사람이 성과를 내는 것은 아니다. 수익화를 꿈꾼다면 중요한 것은 본인의 결단과 꾸준함이다. 시행착오가 있을 수밖에 없는 길이다. 하지만 실패 속에서 개선을 추구하고 성과를 만들어나가려는 자세를 가진다면 미래를 위한 튼튼한 기반이 될 수 있다.

나는 공간대여업을 시작하면 누구나 '월 수천만 원의 수익' 혹은 'N백만 원 벌기 가능'이라는 달콤한 말을 쉽게 하지 않는다. 그 이유는 모든 사람의 상황과 경험이 다르기 때문이다. 각자가 가진 자본, 시간, 그리고 경험은 10명 중 10명이 다 다르다. 이처럼 서로 다른 출발점에서 같은 목표를 향해 나아가려면 그만큼의 노력이 필요하다. 그 과정에서 도망치고 싶은 순간이 온다면 그때야말로 본인의 진정성을 시험하는 중요한 시기다.

반대로 현실에서 끊임없이 도망치는 사람이라면 이 책이나 잘 만들어진 세미나, 동영상 콘텐츠를 봐도 큰 도움이 되지 않을 것이다. 창업의 길은 뚜렷한 목표와 그 목표를 위해 끈질기게 나아가고자 하는 결심이 중요하다. 어떤 상황에 직면했든 그것을 이겨내고자 하는 용기와 실행력이 있다면 공간대여업은 큰 기회를 제공할 것이다.

이미 이 길을 걸어온 사람들, 성과도 내보고 대차게 실패도 해본 사람들에게 묻고 배우는 것은 매우 중요하다. '이런 것을 준비 중인데, 어떻게 생각하나요?'라고 물어볼 수 있는 용기가 있다면 큰 한 걸음을 내디딘 것이다. 용기야말로 창업에서 가장 중요한 자산이다. 멈추지 않고 계속해서 배우려는 태도가 결국 성공으로 이끌 것이다.

내 세미나의 많은 멤버가 의미 있는 성과를 내는 모습과 더불어 새로운 시도 앞에서 머뭇거리는 모습을 보면서 나 역시 스스로 나태해지지 않도록 많은 영감을 받았다. 여러분의 도전과 실패, 그리고 그 속에서 얻어낸 작은 성과들이 곧 나의 원동력이었다. 그래서 이 글을 빌려 감사의 말을 전한다.

공간대여업은 때로는 많은 어려움과 난관을 동반하지만 그만큼 보람과 성취감을 주는 사업이기도 하다. 이 사업을 통해 단순히 경제적인 수익을 넘어 내가 만든 공간에 사람이 모이고 교류하며 새로운 가치를 창출해내는 것을 보는 일은 매우 특별한 경험이다. 여러분도 이 여정에서 다양한 사람들과 함께 성장하고 그들의 삶에 긍정적인 영향을 미칠 수 있는 기회를 갖게 될 것이다. 여기서 얻는 작은 성과 하나하나가 쌓여 결국에는 본인만의 특별한 이야기가 될 것이다.

앞으로도 나는 세미나 등 오프라인 활동뿐 아니라 '유튜브' 콘텐츠를 통해 더욱 실전적인 경험을 나누고자 한다. 창업의 길은 혼자 걸어가는 것이 아니라 같은 꿈을 가진 사람들과 함께 나아가는 여정이다. 나의 경험이 여러분의 여정에 조금이나마 도움이 되길 바라며 오늘도 그 도전의 길을 응원한다. 이 책을 읽고 실행에 옮기려는 모든 분들에게 진심 어린 응원의 말을 전하며 앞으로의 모든 도전이 값진 성과로 이어지길 바란다.

열정과 노력, 그리고 끈기가 결국에는 원하는 결과를 가져다 줄 것이다. 공간대여업을 통해 여러분의 삶이 한층 더 나아지고 또 여러분의 공간이 많은 사람에게 긍정적인 영향을 미치는 그날까지 나는 언제나 응원하겠다.

끝으로 내가 왜 공간대여업을 하기로 다짐했는지 전달하며 마치겠다.

'월급만으로는 미래를 그리기 힘들겠는데?'

이런 생각을 한 번이라도 해본 적 있는가? 고정된 소득에서 벗어나기 위해 발버둥쳤던 경험들을 곱씹어보길 바란다. 그리고 스스로의 성과와 실패 사례를 되돌아봤다면 보다 구체적으로 어떤 시행착오를 경험했고 실행 후 얼마 만에 성과를 달성했으며 결과적으로 투자한 금액 대비 마진 등 가능한 한 상세히 복기해보라. '그때 이렇게 했으면 더 좋았을 텐데', '매출은 컸지만 남는 게 거의 없었지' 같은 많은 생각이 머리를 스칠 것이다.

이 책은 자기계발 책같이 마냥 친절하고 상냥하며 허황된 이상을 전달하지 않는다. 나는 여러분의 성과를 위해 첫 창업부터 매각까지 끈질기게 잔소리할 것이다. 스텝 바이 스텝으로 먼저 50~100만 원의 월급 외 부수입을 만들고 본업과 부업의 분기점이 되는 월 300만 원의 수입을 만든 후 월 500만 원+α의 수입을 얻는 전업 공간대여 사업가가 되기까지, 생각보다 다음 단계로의 전환에 긴 시간이 필요하지 않다는 것을 경험할 것이다.

월 500만 원 따박따박 받는
공간대여 재테크

초판 1쇄 2025년 2월 5일

지은이 김선달
펴낸이 허연
편집장 유승현   **편집1팀장** 김민보

책임편집 장아름
마케팅   한동우 박소라 구민지
경영지원 김민화 김정희 오나리
디자인   김보현 한사랑

펴낸곳 매경출판(주)
등록 2003년 4월 24일(No. 2-3759)
주소 (04557) 서울시 중구 충무로 2(필동1가) 매일경제 별관 2층 매경출판(주)
홈페이지 www.mkpublish.com   **스마트스토어** smartstore.naver.com/mkpublish
페이스북 @maekyungpublishing   **인스타그램** @mkpublishing
전화 02)2000-2611(기획편집) 02)2000-2646(마케팅) 02)2000-2606(구입 문의)
팩스 02)2000-2609   **이메일** publish@mkpublish.co.kr
인쇄 · 제본 ㈜M-print 031)8071-0961
ISBN 979-11-6484-748-8(13320)